知らないと後悔する定年後の働き方

木村 勝著
Masaru Kimura

2545
Shinsyo

はじめに

――「働けるうちは働きつづける〝稼ぐ力〟」を身につけて、人生100年時代を豊かに生きよう

「逃げ切れない50代」の末路
〝銀行エリート〟30万人の明日はどっちだ！

ここ数カ月の間にビジネス誌に掲載された特集記事のタイトルの一部です。
今ほどシニアサラリーマンの働き方が注目を集めている時代はありません。

特に2016年にロンドン・ビジネススクールのリンダ・グラッドン教授による『ライフ・シフト　100年時代人生戦略』（東洋経済新報社）が出版されてから、今まで誰も考えてこなかった（考える必要もなかった）「定年退職後の40年をどう生きるか」という課題もクローズアップされるようになりました。

また、2019年に入っても経団連会長の「終身雇用を前提とすることが限界になっている」という発言や「退職後の年金暮らしの夫婦が95歳まで生きるためには、退職後に2000万円が不足する」という金融庁の報告書などが、シニア世代が抱いている将来への不安を増幅させています。

本書は、こうした将来の働き方に不安を覚える、今までご自身のキャリアなど考えたことのなかったごく普通のシニアサラリーマンの皆さんに向けて「人生100年時代を生き残るには、何から始めればいいのか」「働けるうちは働きつづける（稼ぎつづける）ためには今からどんな準備をしていけばいいのか」という実践的で具体的な働き方の処方箋を提供することを目的にしています。

年金2000万円不足問題などの不安感も「働けるうちは働きつづける〝稼ぐ力〟」があれば、おのずから解消されます。

ここで簡単に自己紹介させていただきます。

私は、1984年に日産自動車に入社しました。その後は「順調に出世」というサラリーマン人生を送ることができればよかったのですが、なかなかそうもいかず、次のようなキャリアの節目を経験しました。

1 長男が生まれる1カ月前、35歳のときに急性心筋梗塞で倒れ、生死の境をさまよう

2 44歳のときに、定年まで勤務するつもりだった日産自動車を社命により退職し、関係会社に転籍

3 50歳のときに、移籍先の会社が外資系企業にM&Aされる

その後、２０１４年に30年間のサラリーマン生活を卒業し、人事を専門とするインディペンデント・コントラクター（ＩＣ＝独立業務請負人）として独立し、現在に至っています。

入社から52歳で独立するまでのサラリーマン人生の中で、1度も自分の意志で転職したことはなく、その意味では新卒で企業に入社して終身雇用を当たり前のこととして勤務してきた典型的な日本企業のサラリーマンでした。

本書の構成は次の通りです。

まず第1章では、シニアを巡る雇用環境や法改正の動向などを人事の専門家の立場から解説します。シニアの皆さんには耳の痛い話も出てきますが、これから歩んでいく将来に関して正確な情報と的確な見通しを持っておくことは極めて重要です。

第2章と第3章では、定年退職後の40年を生きるための意識改革の進め方を解説します。会社に身を任せている限り、サラリーマンとしての生活は60歳まで、仮に継続して雇用されたとしても65歳まででで終わりです。

そのまま何もせずにいれば、キャリアが行き詰まることは明白なのですが、多くのシニアサラリーマンは自らの将来のキャリアに目をそらして行動を先送りにしています。

あなたには、こうした一群からは一歩抜け出し、国や会社に依存せずに自らのキャリアを踏み出して行ってほしいと思います。

第4章では、あなたのキャリアを財産として「見える化」するために必要な「三種の神器」と、将来の方向性を見定めるためのツールである「キャリアデザインマップ」の作り方と使い方を具体的に解説しています。

キャリアという財産は、目には見えにくい無形財産なので定量化しづらく、そのため「見える化」にはコツが必要になります。

第5章では、あなたのキャリア&スキルをお金に変えるための具体的な方法をご紹介します。キャリアを「見える化」しただけでは問題は解決しません。それをどのようにマネタイズ（お金に変える）していくかが実は最大のポイントです。

本書では、シニアサラリーマンにとって最もリスクが少なく現実的なマネタイズの方法として、筆者が実際に実践したインディペンデント・コントラクター（ＩＣ＝独立業務請負人）としての働き方を提案しています。

ご自身のキャリア＆スキルをどのようにマネタイズしていくかについては、類書にもほとんど記載がなく、本書の肝となる部分だと思っています。筆者が実際に実行した具体的な方法を紹介しているので、必ずお役に立てると思います。

定年後のキャリアは「優秀か、優秀でないか」ではなく、「事前にどれだけ準備をしたか」で決まります。

「意志あるキャリア選択と躊躇なき行動」により、「働けるうちはいつまでも働きつづける」人生が実現できます。本書を通じてあなた独自のキャリアの羅針盤を持ち、キャリアの航海に出航しましょう。私が皆さんのキャリアの水先案内人としてお供させていただきます。

目次

contents

第1章 国も企業もあなたの面倒を最後まで見てくれません！

第2章
定年後の生活レベルは60歳までのすごし方ですべてが決まる

第3章

「働けるうちは働く」ためのセルフ意識改革

第4章 「働けるうちは働く人」になるためのキャリアデザイン術

第5章 あなたのキャリア&スキルをお金に変えるための具体的な方法

ブックデザイン　bookwall
本文DTP&図版制作　津久井直美
プロデュース&編集　貝瀬裕一（MXエンジニアリング）

第1章

国も企業も
あなたの面倒を
最後まで見てくれません！

終身雇用制がなくなる日

政府は2019年5月、希望する高齢者が70歳まで働けるようにするための高年齢者雇用安定法改正の骨子を発表しました。

これまでの3つの企業の選択肢（①定年延長、②定年廃止、③契約社員などでの再雇用）に、次の4つの選択肢（**④他企業への再就職支援、⑤フリーランスで働くための資金提供、⑥起業支援、⑦NPO活動などへの資金提供**）を加えて、企業に努力義務を課す予定です。

タイミングを計ったかのようにその同時期（2019年4月）に、経団連の中西宏明会長が定例会見で、終身雇用について「制度疲労を起こしている。終身雇用を前提にすることが限界になっている」と改めて持論を展開して、話題になりました。

終身雇用制は、ジェイムズ・アベグレンの1958年の著書『日本の経営』（2004年に日本経済新聞社より新訳版）で日本の雇用慣行の特徴として、年功序列、企業別労働組合とともに、「日本的経営の三種の神器」として取り上げられてきました。

終身雇用制とは、「同一企業で業績悪化による企業倒産が発生しない限り、定年まで雇用されつづけるという、日本の正社員雇用における慣行」です。

「終身雇用制はすでに崩壊している」ともいわれていますが、大企業を中心にまだまだ長期雇用の慣習が残っていることは皆さんご承知の通りです。

もちろん、経団連会長が「もう無理」と言ったところで、すぐに解雇規制が緩和されるわけではありません。形骸化しつつも終身雇用制度は当面は継続すると思われます。

しかしながら、従来から終身雇用や年功序列を柱とする日本型雇用の最大の擁護者であった経団連（経団連は、日本の「中心となる産業」の「中心となる大企業」を会員とする団体）の会長からこうしたコメントが出る意味は大きいでしょう。


従来、終身雇用制は、従業員にとっては「定年までは雇用が保証されるという安心感」、会社にとっては「厳しい解雇規制のある日本における唯一の〝合法的〟な過剰人員の適正化手段（定年退職により自動的に雇用関係が消滅するため）」として、絶妙なマッチングのもとで機能してきました。それを制度面で支えてきたのが、国の「60歳からの満額年金支給」です。

企業側の変化の兆しが、先ほどの「終身雇用維持限界論」です。では、それを支えてきた年金は現在どういう動きになっているのでしょうか？

ますます遅くなる年金支給の開始時期

私は、昭和36年（1961）8月生まれですが、男性では私の世代以降（昭和36年4月2日以降に誕生した人）から厚生年金も60歳定年時ではなく、完全65歳支給開始となります（国民年金はすでに65歳から支給）。

先ほど紹介した3つの制度間の微妙なマッチングがすでに崩れつつあるのです。その崩れを埋め合わせているのが、高年齢者雇用安定法による65歳までの雇用義務化です。

また、この年金支給開始年齢ですが、さらなる後ろ倒しが予想されています。

主要欧米諸国の年金支給開始年齢を見てみると、アメリカ・ドイツ・フランスは67歳、イギリスは68歳と、各国ともいち早く制度見直しを終えています。

少子高齢社会の先陣を切る日本が65歳支給開始をいつまでも維持できるはずもありません。選挙での投票率の高い高齢者層への〝忖度《そんたく》〟もあり、時期のアナウンスは微妙ですが、さらなる後ろ倒しは必然です。

年金額は減る一方 〜悠々自適の年金生活はもはや夢物語

支給される年金額も、今まで団塊の世代が享受できた水準はとうてい望めなくなっています。

2019年6月、退職後の年金暮らしの夫婦が95歳まで生きるためには、「退職後に2000万円が不足する例もあるとして、若いうちから資産運用が必要」とした金融庁の報告書をめぐり、麻生財務大臣の発言が大きな論議を呼んだのは、記憶に新しいところです。

2016年に「年金カット法」と呼ばれた年金制度改革法が成立しましたが、ざっくりその内容を解説すると、現在の高齢者への給付を減らし、若者世代が将来受け取る水準が想定以上に下がらないようにする内容です。

はなから公的年金をあてにしていない若い世代とは異なり、終身雇用という働き方のもと「1社での滅私奉公後の年金生活」というシナリオを描いてきたシニア世代（50代以上）にとって、悠々自適《ゆうゆうじてき》の年金生活という姿はもはや夢物語になっています。

終身雇用制の見直しにより定年までの雇用保証が揺らぎつつあり、一方、経済面で今まで定年後の生活を保障してきた厚生年金は、後ろ倒し化・減額化の動きにあります。

いやおうなく無年金期間が広がる状況のもと、普通のサラリーマンは老後の生活の柱である年金支給開始までは、とにかく石にかじりついてでも働きつづけなければならない運命にあるのです。

日本の高齢者の9割が「下流老人」化する!?

「下流老人」とは、2015年に藤田孝典氏が刊行した『下流老人　―一億総老後崩壊の衝撃―』（朝日新聞出版）において使用された造語です。下流老人とは、藤田氏の定義では「生活保護基準相当で暮らす高齢者およびその恐れがある高齢者」のことを指します。

本書の中で藤田氏が「高齢者だけではなく、今の若い世代も含めた日本人の9割が下流老人化する」というショッキングな警告をしたことで大きな話題を呼びました。

藤田氏は、下流老人の判断指標として、①（高齢期の）収入が著しく少ない、②十分な貯蓄がない、③周囲に頼れる人間がいない（社会的孤立）の3つを挙げていますが、いずれも「働かなくなること」によって生じるリスクともいえます。

誰しも「自分は大丈夫」とどうしても思いがちですが、現役時代に世間水準の年収を得ていた人でも、病気や事故、あるいは熟年離婚による財産分与、子どもの引きこもりなどの理由により、簡単に下流老人化する姿が本書ではリアルに描かれています。

迫りくる年金改革に対応し（支給開始年齢の後ろ倒し化&支給水準の低下）、また、自分が下流老人とならないためにも、これからは国や会社に寄りかかるだけではなく、年齢にかかわらず働きつづけるシナリオを、各自持っておくことが必要不可欠といえるでしょう。

大企業の社員ほどリスクが高い時代

購買欲が高い若者世代が減少し、老後の不安から消費に対する守りに入った高齢者が増えつづけるという少子高齢社会の日本では、もはや国内マーケットに大きな期待はできません。

そこで日本企業が生き残りをかけて取り組んでいるのが、海外マーケットへのリソースシフトです。「日本の生保・損保会社が海外保険会社をM&A（買収）」というニュースは新聞紙上でよく目にするところです。

また、今までの日本経済を支えつづけてきた製造業も同様です。中国・インドといった今後伸びてゆく市場に、工場のみならず購買やデザイン・研究開発機能を日本から移転させる動きが続いています。

「選択と集中」の名のもと、将来のコアビジネス以外の事業部や関係会社をファンドなどへ売却する動きも最近よく耳にするところです。

最近の例では、東芝の事業売却が挙げられます。

東芝の事業売却は、経営再建のための不採算事業の切り離しという側面がありましたが、白物家電事業や半導体メモリ事業・パソコン事業といった事業の売却は、子会社の株式の譲渡によって行われています。

業績好調の日立製作所においても、2019年、旧御三家といわれた日立化成の売却が発表され、大きなニュースになりました。

各企業も生き残りのためには、今まで同じ社内組織や同じ企業グループだったことにはこだわらず、ドラスチックな生き残り施策を打ち出しているのです。

サラリーマンにとって「寄らば大樹の陰」は今や昔話です。規模が大きく事業が多岐にわたればわたるほど、企業は不採算部門を切り捨て、収益の上がる伸びしろのある事業に特化する「選択と集中」戦略を志向せざるを得ないのです。


確かに大企業は、会社の存続という意味では安泰かもしれません。シャープや東芝をはじめ業績不振の大手が大幅な人員削減を進めてきましたが、いずれの企業も倒産はしていません。

サラリーマンが想定している安泰とは、リストラや事業売却の荒波に遭遇することなく、定年までつつがなく雇用されることだと思います。

しかしながら、**大企業ほど企業の安定を維持しようとするために、その陰では、個人の雇用の安定が失われている**ことに気づいておく必要があります。

事例 CASE

「選択と集中」により、事業部ごと外資に売却され、途方に暮れる元大企業部長

Aさんは誰もが名前を知る一流企業に入社、多角化戦略により新設された事業部で順調に出世を重ねた部長職です。あと一歩で執行役員というところで、担当する事業部の

収益が悪化し、「選択と集中」の名のもと、外資系ファンドへの事業売却が決まりました。

国内マーケットが順調に拡大している時代は、たとえその領域のトップ企業でなくても十分収益をあげられましたが、マーケットの縮小により、いよいよノンコア事業を抱えていく体力が本体にもなくなってきました。

外資系ファンドへ事業部売却が決定し、ファンドから経営陣が送り込まれてきました。開発・製造といった現業部門ではなく企画畑の長いAさんは、M&Aの当初から戦力外とされていたようでした。外部からの新任部長が送り込まれたのと同時に、担当部長としてラインから外されてしまいます。

1年後には退職勧奨を受け、いくばくかの割増退職金とともに長年勤めた企業を去ることになりました。

それまでAさんは、役員として定年以降も働くシナリオだけしか想定しておらず、社内営業と社内政治にまい進していたこともあり、外部で売りになるマネジメント能力も専門スキルも養成していませんでした。当分大丈夫と思われた加算金も底をつき、望みの年収をオファーしてくれる再就職先も見つからず、途方に暮れています。

解説 COMMENTARY

「選択と集中」戦略による事業部・子会社の売却は増えることはあっても、減ることは今後もありません。その際に犠牲となるのは、よりトップ層に近い役員や部長レベルのサラリーマンです。

買収した会社も一般職・課長職くらいまでの社員は、継続した事業運営のために必須の人材として無碍《むげ》にはできません。しかし、実務を行わない業績不振を招いた旧経営陣にもはや用はありません。

特に新たな環境・戦略に意識改革できない役員・部長層は新しい経営陣にとっては、給与ばかり高い不要の人材です。

1つの会社でのプロモーションを目指すキャリア戦略は、高度成長期から最近までは盤石なものでしたが、環境変化、グローバル競争が激化する昨今の経営環境のもとでは、「1社添い遂げ型」のキャリア戦略は危険です。

事例のような予期せぬM&Aなどの環境変化も想定して、キャリア戦略を立てておく必要があります。

大企業ほど積極的に進めるIT・AI（RPA）投資、先細るシニア向け業務

日本市場の縮小とともにバックヤード業務（人事・経理などの間接業務）も大きな変革の荒波を受けています。

メガバンクなどで業務効率化の推進ツールとして急速に導入が進んでいるRPA（ロボティック・プロセス・オートメーション）は、それを象徴する動きです。

RPAとは、AI・機械学習といった高性能な認知技術を用いることによって実現す

る、業務の自動化や効率化に向けた取り組みやソフトウェアロボットを指します。自動車の組み立てなど、モノの製造や荷物の運搬といったブルーカラー業務をサポートする産業用ロボットに対して、RPAはデータ入力や情報チェックなどのホワイトカラー業務をサポートするところに特徴があります。

メガバンク各社が何千人・何万人規模相当の業務の効率化が可能になったのも、このRPA技術によるところが大きいのです。

また、**データインプット業務、経理・給与計算業務など定型的なオペレーション業務の外注化（BPO＝ビジネス・プロセス・アウトソーシング）、さらには人事・経理といった部門ごと（機能ごと）の外部への売却の動きもとどまることなく拡大しています。**

こうした動きは、シニア世代が今後、社内で担当し得る業務がどんどんなくなっていくことを示しています。

現在担当している業務がこれからも社内（国内）に存在しつづけるかどうかわかりま

せん。むしろ「なくなる」と思っておいたほうが早めのリスク回避行動がとれそうです。

事例 CASE

加速する間接業務の外注化・オフショア化・RPA化

メーカー企業B社では、元々は社内の人事部の中にあった機能が、「①関係会社に分社化（シェアードサービス化）」→「②担当業務を外資系BPO企業へ外注化（BPO化）」→「③外注先のBPO企業にM&Aされ、その傘下に入る（M&A）」→「④国内オペレーション業務のさらなる中国への移管（オフショア化・RPA化）」というプロセスを辿りました。

従来、日本国内で行っていた業務のかなりの部分が中国に移管され、現在は大連で行われています。

解説 COMMENTARY

私がサラリーマン時代に勤務していた会社の事例です。

日本企業は、人事・経理・総務など間接部門の効率化が遅れていると指摘されています。事務系大卒正社員の活躍の舞台であった職種が事例のようなプロセスでなくなっているのです。

「選択と集中」は事業軸だけではありません。人事・経理・総務といった職種軸でも選択と集中が着々と行われていることに気づく必要があります。

好景気の陰で着々と進むシニアのリストラ
～45歳以上限定で吹き荒れるリストラの嵐

どんな好景気の時代でも陰で着々と進んでいるのがシニア層のリストラです。

もちろん、解雇といった過激な形で行われることはほとんどありません。「早期退職・希望退職制度の募集者を募る」といったソフトな形で行われています。

早期退職優遇制度とは、企業があらかじめ退職における有利な条件（たとえば、退職金支給率の増加、一定額の加算、定年まで在勤したものとみなしての退職金支給など）を示すことにより、企業に雇われている労働者が自らの意思でこれに応じ、労働契約の解約をすることをいいます。

2018年以降を見ても、NEC、エーザイ、カシオ計算機、協和発酵キリン、コカ・コーラボトラーズジャパンホールディングス、富士通など、希望退職を募った企業は枚挙にいとまがありません。

皆さんは、これらの企業が希望退職者を募集する際の共通する条件は何かおわかりでしょうか？

実は、**1つの例外なく募集対象者の条件を「45歳以上」としていること**です。

どこの企業でも採用経費をかけ、それなりの人材育成投資を行って育ててきた人材を安易に辞めさせたくはありません。

各社とも募集の理由はさまざまですが、抜本的な事業構造改革のため、断腸の思いで施策を打ち出していることは間違いありません。

その際の「要る・要らない」の判断基準が45歳という年齢です。希望退職なので、社員に強制するものではありませんが、手を挙げてきたら認めざるを得ません。

言葉を変えると、「45歳より若い社員は会社に残ってもらいたいが、45歳以上の応募者はたとえ会社にとって必要な人材であっても、手を挙げてきたら退職することを無条件で認める」ということです。会社にとっての見極めラインが45歳なのです。

以前は、「転職は35歳が限界」という説が有力でしたが、最近では「転職45歳限界説」もうたわれるようになってきました。

今の40代前半（１９７５～79年生まれ）世代は、バブル崩壊後の就職氷河期に就職活動をした世代であり、各社ともこの時期には採用数を抑制したので、特に人材の流動性が高いのかもしれません。

会社の早期退職募集条件「45歳以上」という条件と符合する結果になっているので、転職するなら45歳までという「新45歳限界説」も説得力を感じます。

読者の皆さんに希望退職の具体的なイメージを持っていただくために、ある企業の希望退職（ネーミングは会社によって異なります）募集事例をご紹介します。

【ある企業の早期退職募集条件】

（1）募集対象者

当社およびグループ会社の従業員のうち、間接部門およびハードウェア事業領域の特定部門に在籍している、45歳以上かつ勤続5年以上の者。

（2）募集人員

定めない。

（3）募集期間

２０１８年10月29日〜２０１８年11月9日

（4）退職日

２０１８年12月28日

（5）支援内容

通常の退職金に加え、特別転進支援加算金の支給および再就職支援会社を通じた再就職支援サービスの提供。

「定年延長」は本当に朗報なのか？
～「公務員65歳定年延長」導入へ

これまでシニア層の未来について、少々悲観的な見方をしてきました。

読者の皆さんからは、「おまえの見方は、あまりに悲観的すぎる。大多数を占めるサラリーマンを国や企業が投げ出すようなことをするはずがない」という声が聞こえてきそうです。

もちろん、国や企業もこうした状況を解決すべくさまざまな施策を検討しています。

２０１８年、公務員65歳定年制の概要が明らかになってきました。公務員の年金の支給開始年齢が２０２５年度にかけて段階的に65歳に引き上がるため、定年後すぐに年金を受け取れるようにするための対応です。

65歳定年延長に関していえば、1年契約の現在の定年再雇用契約よりも65歳まで定年延長のほうが間違いなく雇用の安定性は確保されます。

65歳定年とは、65歳まで正規従業員で雇用されることを意味しますので、正規従業員のみに適用されることの多い、たとえば病気の際の傷病休職規程（6カ月から1年間の会社が多い。会社によっては2年間の傷病休職を認める会社もある）も適用になります。

「病気がちでフルタイムできちんと働けないから1年で契約終了」という雇い止めリスクも格段に減少します。

誰も気づかない定年延長の「光と影」

公務員の定年制度改正に関しては、65歳定年延長のみがクローズアップされるため、あまり話題になっていませんが、同時に次の3つの施策も講じられることが公表されています。

①60歳超の給与水準を60歳前の7割に
②60歳未満の賃金カーブを抑制
③60歳で原則管理職から外す制度の導入

この中で特に重要なのは「②60歳未満の賃金カーブの抑制」です。

見直し傾向にあるといっても、日本企業の賃金はまだまだ年功的です。年功的な賃金である限り、高年齢者の割合が増えるほど必然的に人件費は増えてきます。

年齢と貢献度が比例する職種や人材であれば問題はありませんが、そうでなければ人件費はどんどん過剰になります。

そのために講じられるのが「②60歳未満の賃金カーブの抑制」なのです。

若手・ミドルにも大きな影響を与えるシニア雇用の問題点

２０１８年６月、内閣府は年齢別の正社員平均給与を５年前のデータと比較した調査結果を発表しました。その結果わかったことは、５年前と比較してほとんどの年齢層が増えていた中（５年間の賃上げがあるので上がって当然です）、なんと40代だけが減少していました。

40代は、バブル期後半の大量採用組や人口の多い「団塊ジュニア」世代にあたりますが、限りある管理職ポストに多くの社員が群がることにより、部長や課長など管理職への昇進が遅れていることがその原因であると分析されています。

全員が一律に昇給した高度成長期とは異なり、今や役職に就かないと給与は上がりません。上のポストが空かないことで、40代の役職者比率が低下し、給与を下押しする要因になっているのです。

定年延長は、その当事者である60歳定年に到達した社員のみならず、60歳前の現在のシニア世代の給与水準にまで影響を及ぼします。定年延長の問題は、高齢者の雇用人数が増えるというヘッドカウント（頭数）の問題だけでなく、全従業員にかかわる総労務費の適性化の問題になってきているのです（図1）。

その影響をもろに受けるのが、多くの企業において、積極的に採用を行っていたバブル期入社世代（2020年時点で50〜55歳）と世代人口の多い団塊ジュニア世代（同46〜49歳）です。

この世代は、（定年延長にともなう）賃金カーブの見直しと、限られた管理職ポストへの過当競争という二重苦を課された悲劇の世代といえるかもしれません。

唯一の解決策は、国や企業を頼らず、自らの力で働きつづけることです。

【図1】エドワード・ラジアの賃金カーブ図

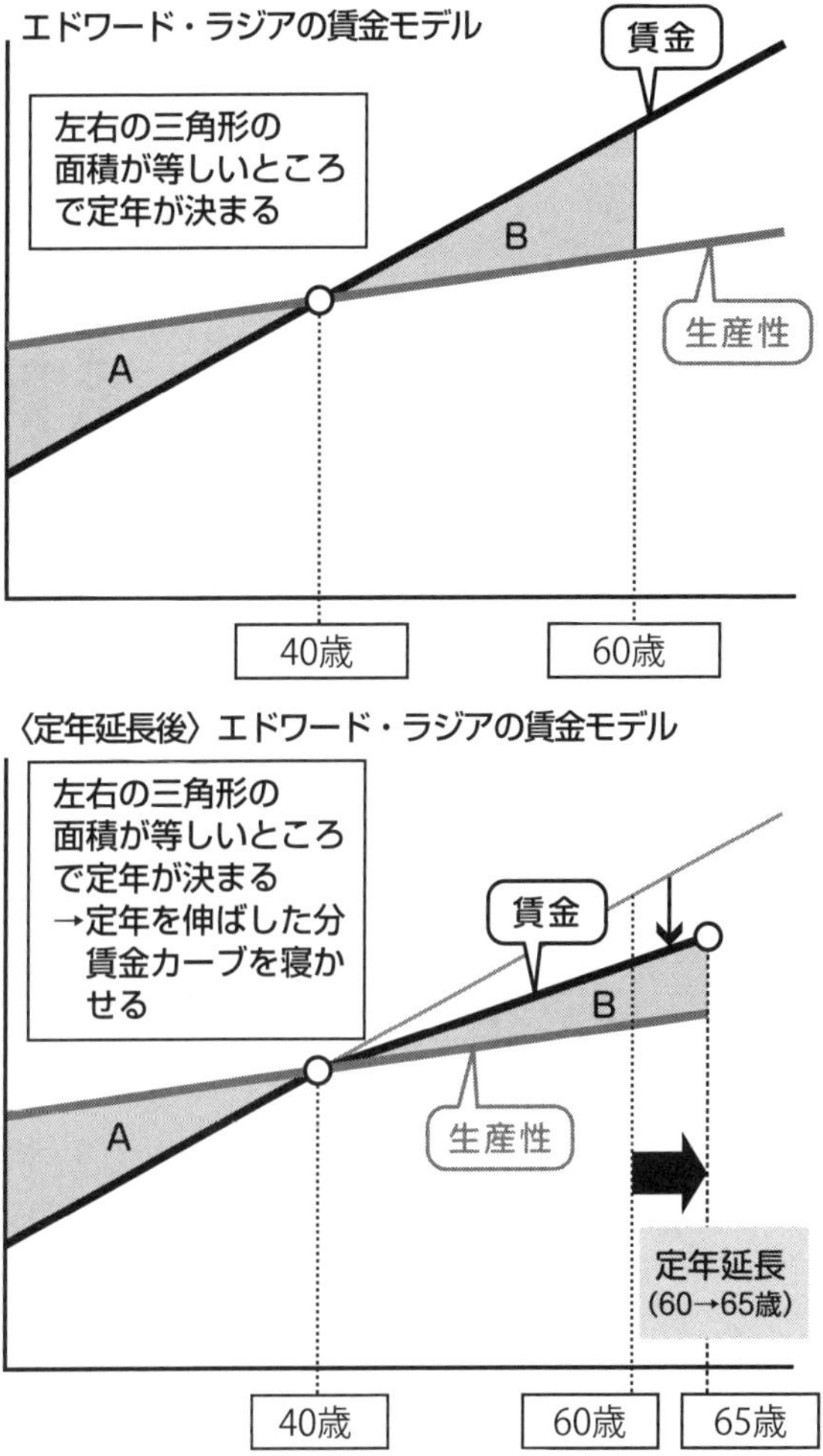

埋まらない世代間の意識の溝
～実は歓迎されていないシニア雇用

シニア社員を巡っては、次の3つのフリクション構造があると考えています（図2）。

①会社（人事部）とシニア
②若手社員とシニア
③家族とシニア

シニア世代の働き方を考える際には、シニア単独で考えるのではなく、この3つの関係性から考えていく必要があります。

まずここでは、「②若手社員とシニア」の関係を見ていきたいと思います。

若手から見て「何歳から上をおじさんと見なすか」という問いに関して、「『おじさん』

は、自分より15歳(以上)年上の人のこと」という定義を以前見たことがあります。

たとえば、22歳の大卒新入社員から見ると、37歳のバリバリの中堅社員が「おじさん」に相当するということです。

この定義は私の感覚にも近く、妙に納得した記憶があります。

そうなのです。「自分はいつまでも若い、若者と同じ感覚」と思いがちなのですが、下の世代の見方は違うのです。

各種アンケート調査でも世代間意識の

【図2】シニア社員を巡るフリクション構造

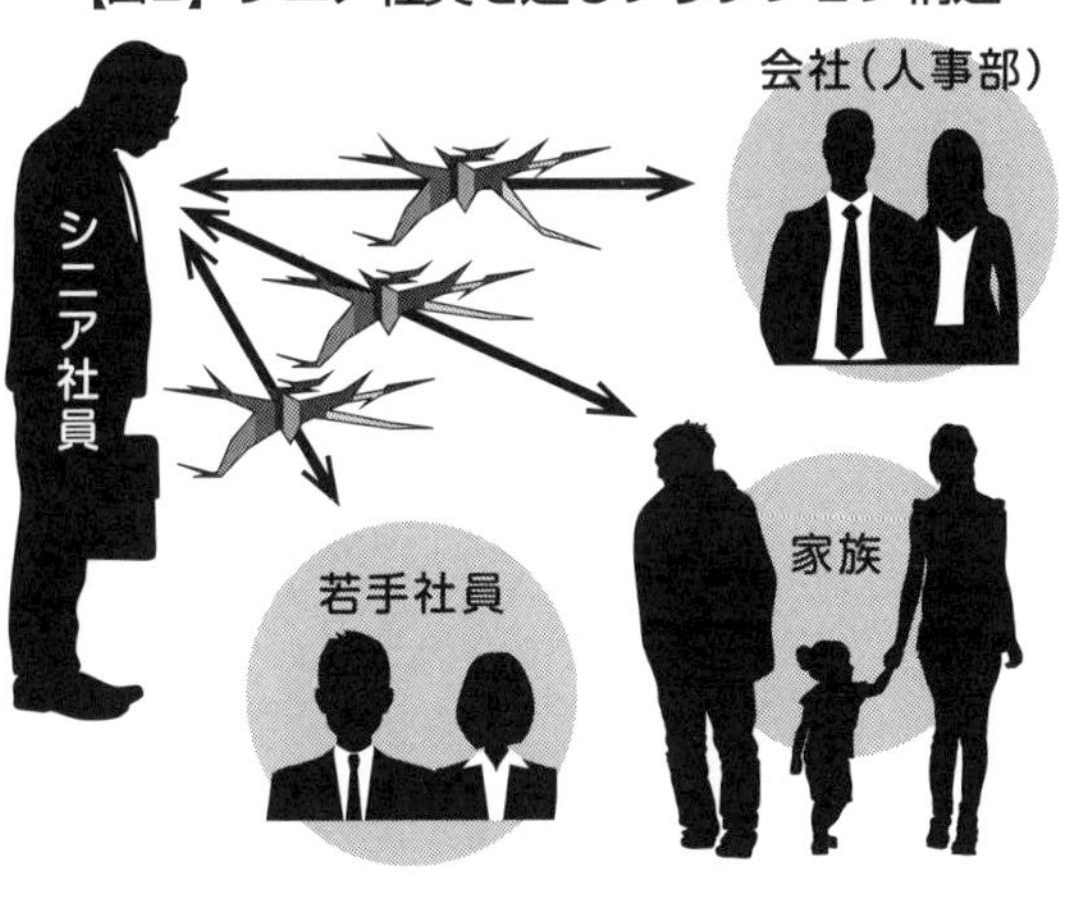

格差は如実に表れています。

少し古い調査結果ですが、財団法人企業活力研究所が実施した「シニア人材の新たな活躍に関する調査報告書」という報告書があります。シニア人材（50歳以上）の新たな活躍の方向性について、幅広い側面から調査した報告書です。

この調査の中で、シニアと若手・ミドル間のコミュニケーションや協力関係についてアンケート調査を行っています。

シニア層の男性41・7パーセント、女性50・0パーセントが「うまくいっている」という回答をしているのに対して、若手・ミドル層で「うまくいっている」と答えたのは、男性27・6パーセント、女性35・2パーセントと、その意識に大きなズレが生じています。

また、「職場におけるシニアの地位・報酬」について、「適切」と思う人は若手・ミドル層の4人に1人（24・0パーセント）、半数以上が「どちらともいえない」として態度保留になっています。さらに、男女とも年代が若いほど「適切でない」と感じる人が多くなっているのです。

以前、「平成生まれが『この人は昭和生まれだな』と感じる言動に関するアンケート」をネット上で見たことがありますが（おたくま経済新聞 http://otakei.otakuma.net/archives/2018051006.html)、この結果はよく世代間の意識の違いを表しています。

その第1位は「あたり前田のクラッカーという」、第2位「カップルのことをアベックという」、第4位「飲み会の席で頭にネクタイを巻く」、第10位「テレビチャンネルを『回す』という」など、私も常々無意識に行っている言動のオンパレードです。

時代は令和になりましたが、われわれ昭和世代と若手世代との意識のズレは広がることはあれ、縮まることはありません。次々と新しいSNSのコミュニケーションツールが出現していますが、職場の中で自分だけコミュニケーションの枠外といった事態は避けなければなりません。

若い世代から自分はどのように受け取られているか、「職場の空気を読むデリカシー」も最低限ほしいところです。

容赦ない年下上司の仕打ちにあなたのメンタルは耐え切れるか？

シニア層を受け入れる若手上司も悩んでいることは事実ですが、一部の若手上司の中には、先輩であるシニア社員に対して「半沢直樹の倍返し」ではありませんが、厳しくあたる上司もいます。

若手上司は厳しい社内サバイバル競争を経て管理職になってきているので、概してタスク指向が強く、また社員の役割を業績でしか評価できない管理職も増えています。

従来は美徳であった「コツコツ仕事をする」ことを無能の象徴と捉えたり、高度成長期には、職場内で一定の役割を評価されてきた「鬼軍曹」役や「お局《つぼね》」役、また職場の盛り上げ役であった「ムードメーカー」、職場で欠かすことができなかった「雑用係」を、「その役割は業績に直結しない」ということで無用の人間と見なす傾向も強くなっています。

中高年サラリーマンのメンタル不全が増えている

長年サラリーマン生活を続けてきたシニアでも「パワハラ系若手上司」の下に入り、厳しいマネジメントに耐え切れず、一発で潰されるといったケースを私も多々見てきました。

改正労働者派遣法により「同じ派遣社員に同じ職場で3年を超えて働いてもらう」ことができなくなりました。

また、改正労働契約法により「契約更新により契約期間が5年間を超えた有期契約社員に対して、労働者の申し込みにより期間の定めのない労働契約に転換すること」も企業に義務化されています。

こうした中、なり手がなく、人手が確保できない単純作業的なノンコア業務要員としてシニア社員がこき使われるケースも増えてきます。

人生100年時代は、定年からが長いのです。60歳を超えてからのメンタル不全や慣れない労働による疾患（腰痛など）など、予期せぬ事態の発生だけは避けなければなりません。

上と下からの板挟みに悩む若手上司

その一方で、若手上司もシニアのマネジメントで悩んでいます。私も若手からシニア層までの幅広い世代からキャリアの相談を受けることがあります。

相談者の山の1つは、やはり「50代シニア層で役職定年間近のサラリーマン」ですが、意外なことにもう1つの山は、「順調に出世してきた40代前半のバリバリ若手管理職層」です。

相談内容は、役職定年で職場に降りてきた年上シニア社員のマネジメントに関する悩みです。「先輩風を吹かせて協力してくれない」「勝手に元部下に対して指示をする」「自分の方針に常に反対を唱える」など、その内容は多岐にわたります。

上司である部長・役員からは、「シニア層を使いこなして成果を出すことがおまえの役割」と言われ、部下からは「シニア層がいるから（頭数の関係で）新卒の配属がなかった」と文句を言われます。

上と下から〝サンドイッチ状態〟にあるのが、今の若手管理職なのです。

以上、シニア層・若手層との間にあるフリクション構造について見てきましたが、この問題は当事者だけでなく、会社として役職定年時、あるいは再雇用時にきちんと双方のコミュニケーションをはかったり、シニア層のマインドをリセットする仕組みがないことに起因するところが大きいと私は思っています。

とはいうものの、シニアとしては自己防衛的に、こうしたアウェイの環境の中で仕事をしていかなければならないことも認識しておく必要があります。

果てしなく続く〝痛勤地獄〟にあなたの身体は耐えられるか？

先ほど、公務員の65歳定年延長、また、今後のさらなる公的年金支給時期の後ろ倒しの可能性について述べましたが、今の会社に65歳まで勤めつづけるというシナリオは、あなたにとって果たしてベストシナリオでしょうか？

人それぞれではありますが、「いつ終わるかわからないエンドレスの長距離通勤はもう勘弁」という方も多いのではないでしょうか。

私の勤務していた会社は、２００８年に東京銀座から横浜に本社が移転となりました。すでに定年退職後の再雇用で勤務されている先輩もいらっしゃいましたが、この方にとって、埼玉のご自宅から東京をまたいで横浜まで通勤することは想定外でした。

座って通勤するために、家を早く出て、何本か列車を見送り、始発駅に並ばなければなりません。その後、通勤電車の硬いロングシートに約1時間半座りっぱなしなので、その方は、退職間近には長距離通勤による腰痛に悩まされていました（最後にはシートの硬さがちょうどいい車両を選んで通勤するなど、鉄道マニアばりの車両通になっていました）。

また、（定年再雇用で給与が下がっていたこともあり）給与総額に占める通勤手当の割合が極めて高くなっていたので、「何のために会社に来ているのか？　通勤手当のために来ているようなものだ」というぼやきのような言葉が印象に残っています。

冒頭でも紹介した通り、２０１９年5月には「希望する高齢者が70歳までは働けるようにするための高年齢者雇用安定法」の改正の骨子が発表になっています。

いよいよ「死ぬまで通勤地獄生活」が現実になりつつあります。貴重な人生後半に毎日往復2時間、3時間といった通勤時間を費やして、果たしていいのでしょうか？

２０１６年のデータですが、男性は平均寿命80・98歳に対して健康寿命は、72・14歳とその間には約9年間の格差があります。

健康寿命は、「健康上の問題で日常生活が制限されることなく生活できる期間」と定義されているため、平均寿命と健康寿命との差である9年間は、日常生活に制限のある「健康ではない期間」を意味します。

高年齢者雇用安定法により、70歳まで満員電車通勤に耐えて、ようやく通勤地獄から卒業したとしても、健康で動ける年数は先ほどのデータによると「わずか2年間！」という可能性もあるのです。

70歳近くになって、台風のときも大雪のときも遠距離通勤を続けるシナリオを選ぶことがご自身の希望に本当に合っているかどうか、改めて考える必要がありそうです。

今こそ「個人としてのキャリアの成長戦略」が必要

ビジネスにおいても、今年の目標をどう達成するかといった競争戦略の立案・実行だけではなく、現在の社会トレンドを引っ張らない10年後、20年後を見据えた成長戦略に基づく事業推進が求められています。

人生１００年時代には、個人も企業も同じです。今勤務している会社という限定した世界の枠組みの中だけでキャリアを考えるだけでなく、**10年後、20年後のキャリアの方向性を見据えた「個人としてのキャリアの成長戦略」が求められています。**

今までの延長線上のキャリアから一歩踏み出した自律的なキャリアデザインが求められているのです

国も企業も最後まで面倒を見てくれることはあり得ません。あなたの老後、もう見てみぬふりはできないのです。

この章では、未来の働き方に関して少し悲観的な内容に終始した感がありますが、第２章以降で人生１００年時代を生き抜くための具体的かつ実践的なキャリアデザイン術を皆さんに開陳していきたいと思います。

第2章

定年後の生活レベルは60歳までのすごし方ですべてが決まる

「必要とされていない感」を抱えて何十年も生きますか？

第1章では、今後シニア層を待ち受ける環境変化について説明させていただきました。

それでは、こうした環境の変化に対してシニア世代は、どのように対処していけばいいのでしょうか？

55歳の役職定年で「もうお役御免」と自ら決め込む必要はありません。会社にいる8時間を拘束された時間と考えるだけではもったいなさすぎます。「イヤだ、イヤだ」と1日ムダな時間を職場ですごしているヒマはないのです。

また、予想外の役職定年宣告による大きな失望感から、なんの戦略もなく衝動的に今の会社を辞めるのもあまりに無策です。個人のキャリアにも先を見越した「成長戦略」が必要なのです。

役職定年・定年再雇用・中高年時のリストラなど、人によってモラルダウンのタイミングや要素は異なりますが、絶対に避けなければならないのは、「必要とされていない感」

を抱えたまま何十年間も無為にすごすことです。

定年後の時間の使い方が下流老人化を防ぐ

次ページの図3をご覧ください。

ヨコ軸に1日の24時間を、タテ軸に生まれてから80歳までの年齢軸をとった人生総活動時間表です。この表でご自身の人生時間のポートフォリオが可視化できます。

この表をご覧になってどのような印象をお持ちでしょうか。

長い長いと思っていた**「社会人になってから定年まで会社に拘束されている時間」よりも、「在職中の自由時間（個人が采配できる時間）」のほうが大きい**ことを意外に感じる方も多いでしょう。

また、**60歳定年後の時間のほうが、22歳から60歳までの会社時間よりも長い**ことも意外に感じるのではないでしょうか。

【図3】人生の総活動時間

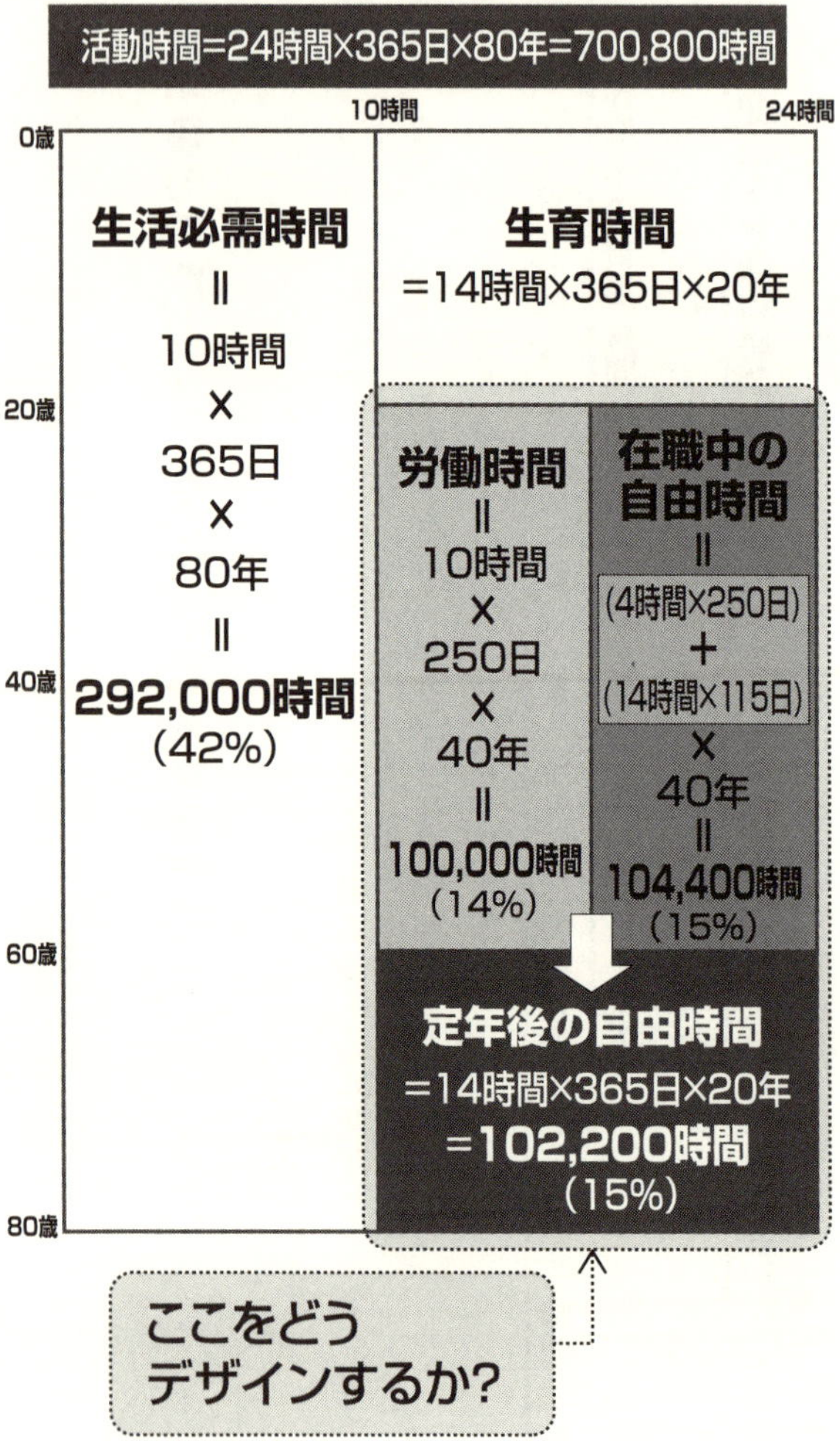

活動時間=24時間×365日×80年=700,800時間
10時間
24時間
0歳
20歳
40歳
60歳
80歳
生活必需時間
=
10時間
×
365日
×
80年
=
292,000時間
(42%)
生育時間
=14時間×365日×20年
労働時間
=
10時間
×
250日
×
40年
=
100,000時間
(14%)
在職中の
自由時間
=
(4時間×250日)
+
(14時間×115日)
×
40年
=
104,400時間
(15%)
定年後の自由時間
=14時間×365日×20年
=102,200時間
(15%)
ここをどう
デザインするか?

人生100年時代においては、80歳までは社会と接点を持ちながら、形はともあれ現役で働くことが当たり前の時代になりつつあります。

第1章でも触れましたが、働くことをやめ、社会との接点をなくす「社会的孤立」こそが、下流老人に転落しかねない最大のリスクです。

役職定年後、あるいは定年後に目標もなく漫然とすごすのではなく、ここをどうデザインしてすごすかで、あなたの人生という作品のでき栄えは大きく変わってくるのです。「人生終わりよければすべてよし」ではありませんが、いくら現役途中まで世間的には立派なキャリアをすごしてきても、キャリアの最後で不遇をかこい、無気力な生活を送ってしまってはなんにもなりません。

また、逆に言えば、現役時代には残念ながら出世に恵まれなくても、表中の60歳以降の潤沢な時間で充実した生活を送ることができれば、トータルとしての人生の充実感は前者をしのぐこともできるのです。

「見える化」して初めてわかる人生の時間資源

それでは、人生後半を見据えて人生後半のキャリアを充実させるためにはどうしたらいいのでしょうか。

人生総活動時間表からもわかるように、定年後の自由時間と現役時代の自由時間を合わせると、実は誰もが膨大な時間資源を持っていることに気がつきます。

まずは、こうした潤沢な時間資源があることを認識し、この時間資源をどう活用するかの戦略を作り、その戦略にしたがって着実に計画を実行することが重要です。

その際の一番のポイントは、「いかにその事実に気がつくか」です。

入社以来20年、あるいは30年間以上、会社で生活をしてきたサラリーマンは、会社の命令にしたがって人事異動を繰り返し、いい上司にも悪い上司にも巡り会いながら今日まで生き抜いてきました。

従来の日本企業では、サラリーマン個人が自らのキャリアを考える必要はありませんでした。

会社の敷いたレールの上に乗り、脇目も振らずに滅私奉公することこそが出世の近道であり、それが安定的な雇用条件が保証される最大の選択肢だったからです。

逆に、自らキャリアを考えること自体が、会社に対する忠誠心を疑わせるリスキーな行為と受け取られかねませんでした。

2017年12月に公表された「『人生100年時代』の企業の在り方 ～従業員のキャリア自律の促進」（経済産業省）という報告書があります。この中で、従業員に対する企業の役割の変化について言及しています。

この報告書の中で「**企業の役割は『雇いつづけることで守る』から、『社会で活躍しつづけられるよう支援することで守る』**に変容が求められているのではないか？」と提言されていますが、私もまったくもってその通りだと思います。

企業でも従来の追い出し型研修とは異なるキャリアデザイン研修を実施する企業が増えてきています。こうした動きは、日本のサラリーマンのキャリアが従来型の「会社におんぶに抱っこ型」では立ちゆかなくなっていることを表しているのです。

居心地がよい会社にいるほど、勇気のハードルは高くなる
～「ゆでガエル状態」になりやすい人はこんなタイプ

しかしながら、数十年の間に頭や体に染みついた行動様式を変えることは容易なことではありません。

特に従来型のキャリアコースに順調に乗っている人や大企業の従業員ほど、実はこうした危機感を感じることができません。

なぜなら、従来の会社追従型キャリアを歩むことで、今現在、好条件の処遇が享受できているからです。

「自分は大丈夫、自分の会社は大丈夫」と思いがちですが、永遠に勝ち組と思われてきた名門大企業も急激な経営環境の変化についていけず、大規模なリストラや国際的なM

&Aの波に飲み込まれている様子は常々目にするところです。

もちろん、会社は事業売却やリストラで生き残るかもしれませんが、たとえ会社が生き残ったとしても、その過程であなた個人の雇用が守られなければ意味はないのです。

冒頭に紹介した経団連会長のコメントでも「雇用維持のために事業を残すべきではない」と経営者に対して新しいビジネスに注力するよう訴えています。

シニアのキャリア相談では、錚々たる大企業の社員の方も相談に来られます。

世間的には超優良企業と思われている会社ほど、内部ではマネジメント層の若返りなど、シニアにとっては厳しい人事施策がとられている印象を受けます。

50代のあなたが現在、「会社への滅私奉公により順調に出世のレールに乗っている」とか「大企業に在籍している」というケースは特に要注意です。絶対に沈まないといわれたタイタニック号にあなたは乗船しているかもしれませんよ。

あなたの実際の市場価値と今もらっている給料はこんなにかけ離れている

第1章でエドワード・ラジアの賃金カーブの図（43ページ）を掲載しましたが、まだまだ年功賃金的な色合いの残る日本企業の賃金慣行では、年齢が高くなるほど生産性と賃金水準の乖離が大きくなりがちです。

モチベーションを下げまくったシニア正規社員よりも、賞与も定期昇給もない非正規の契約社員のほうがバリバリ仕事をしているという現象は、多くの日本企業の職場で見られる光景です（職場によっては、契約社員や派遣社員がリーダーとして正社員を指導する職場もあります）。

今までは、正社員と非正規社員は入社のプロセスも異なり、それが当たり前という認識が職場でもまん延していましたが、もうそうはいきません。

いわゆる同一労働同一賃金の動きです。

非正規雇用が年々増加している中、政府はいわゆる働き方改革の1つとして、正規雇用労働者と非正規雇用労働者の間の不合理な待遇差を解消する動きを強めています。2020年4月1日からは、「パートタイム・有期雇用労働法」が施行となり、そのルールはさらに徹底されることになりました。

今後、シニア層もこうした動きに耐えられるように自ら意識して仕事の守備範囲、責任、パフォーマンスを上げていかないと、今の会社内での生き残りすらままなりません。

自分の外部雇用市場での市場価値と、現在の給与水準の間に乖離は生じていないでしょうか。簡単に確認する方法があります。

ご自身が今の職場の管理職だったとして（第三者の立場で）求人に応募してきた今のあなたにいくらの時給を提示するでしょうか？

あなたの現在の時給は、毎月支給されている給与に賞与・退職金拠出額・法定内外福利厚生費などを足した総額を年間所定内労働時間で割った金額です（給与明細には出てきませんが、会社は社員が負担する社会保険・労働保険料と同額を会社負担分として国に支払っています)。

ちなみに2019年6月に発表された「上場企業の時給ランキング2019」(オープンワーク株式会社)を見ると、第1位はキーエンスの8037円、第2位が三菱商事の7035円、三井物産の6634円と続きます。

これは大手大企業の数字ですが、前記により計算をしたご自分の時給と自分の仕事ぶりを考えると「とてもその金額は払えない」と、ひそかに冷や汗をかかれる方も多いのではないでしょうか。

これからのシニア層の給与水準を考えるうえで、同一労働同一賃金の動きも大きな影響を与えることは間違いありません。

正規従業員である同期、後輩のみならず職場の若年非正規社員の方々との仕事の比較競争がこれから始まってくるのです。

また、特に**新卒で入社して以来、滅私奉公型のキャリアを歩んできたシニアの方は、就職氷河期という荒海を渡ってきた若手・ミドルに比較すると、自分の売り込み方が絶**

望的に下手であることを自覚する必要があります。

若手・ミドルは、厳しい就職活動を通じて「いかに自分をPRするか」を訓練してきています。ネットやSNSを駆使して自分を売り込む経験も豊富です。

一方、シニアはそうした経験もなく、せっかく素晴らしいキャリアをお持ちの方でも「見せ方」「売り込み方」の稚拙さで損をしているケースもよく目にするところです。

キャリアは、継続したプロセスで成り立っていますが、最終ポスト（自分は部長だったなど）でしか自分を語れない人や、会社の仕事は（自分の手柄でなく）チームワークでの実績であることを理解していないシニアもいます。

シニアからのキャリアチェンジで衰えるのは体力ではありません。むしろ気力と自信です。その意味でも**シニアからのキャリアチェンジで次の仕事まで空白期間を空けるのは大きなリスクです。**

早期退職優遇制度に申し込んだ方などによく見受けられるケースですが、一時金としてそれなりの金額が振り込まれたことに安心して、半年か1年くらいひと息ついてそれから再就職活動をしようと考える方がいらっしゃいます。

自分ではキャリアの充電期間だと思っているかもしれませんが、実はキャリアの放電期間になっています。1度放電したバッテリーへの再充電が難しいことは人間もスマホも同様です。

不遇なときこそ、キャリアを見直すことで新たな道が開ける

今まで解説してきたようなシニア層をめぐる今後の環境の厳しさについては、すでに一部のサラリーマンは気がついています。本書をお読みの皆さんの中にも、「将来に対する言いようのない不安感」を感じている方は多いはずです。

しかしながら、多くのサラリーマンは日々の業務の忙しさに紛れ、その不安感に正面から向き合うことを本能的に避けています。どうしても明るい未来が開けているとは思えないからです。

しかしながら、目を逸らしているだけではなんの解決にもなりません。意識的にマインドリセットの機会を作ってでも、自分自身の将来のキャリアを真剣に考えていく必要があります。次にキャリアを考えるタイミングについて解説していきたいと思います。

私の周囲には、70歳を超えてもイキイキと働いている「元気な高齢者」がたくさんいらっしゃいます。たとえば、私が事務局員を務める一般社団法人の事務局のメンバーの最年長は78歳、平均年齢は67歳です。

こうした年齢にかかわりなく活躍しているシニアの方たちとお話しする機会がありますが、どの方も例外なく現役サラリーマン時代に不本意なキャリアチェンジやご自身の大病、ご家族内の問題（介護やご子息の引きこもりなど）など、なんらかの形で大きな人生の節目を経験された方ばかりです。

私の場合、キャリアの節目は3回ありました（次ページ図4）。

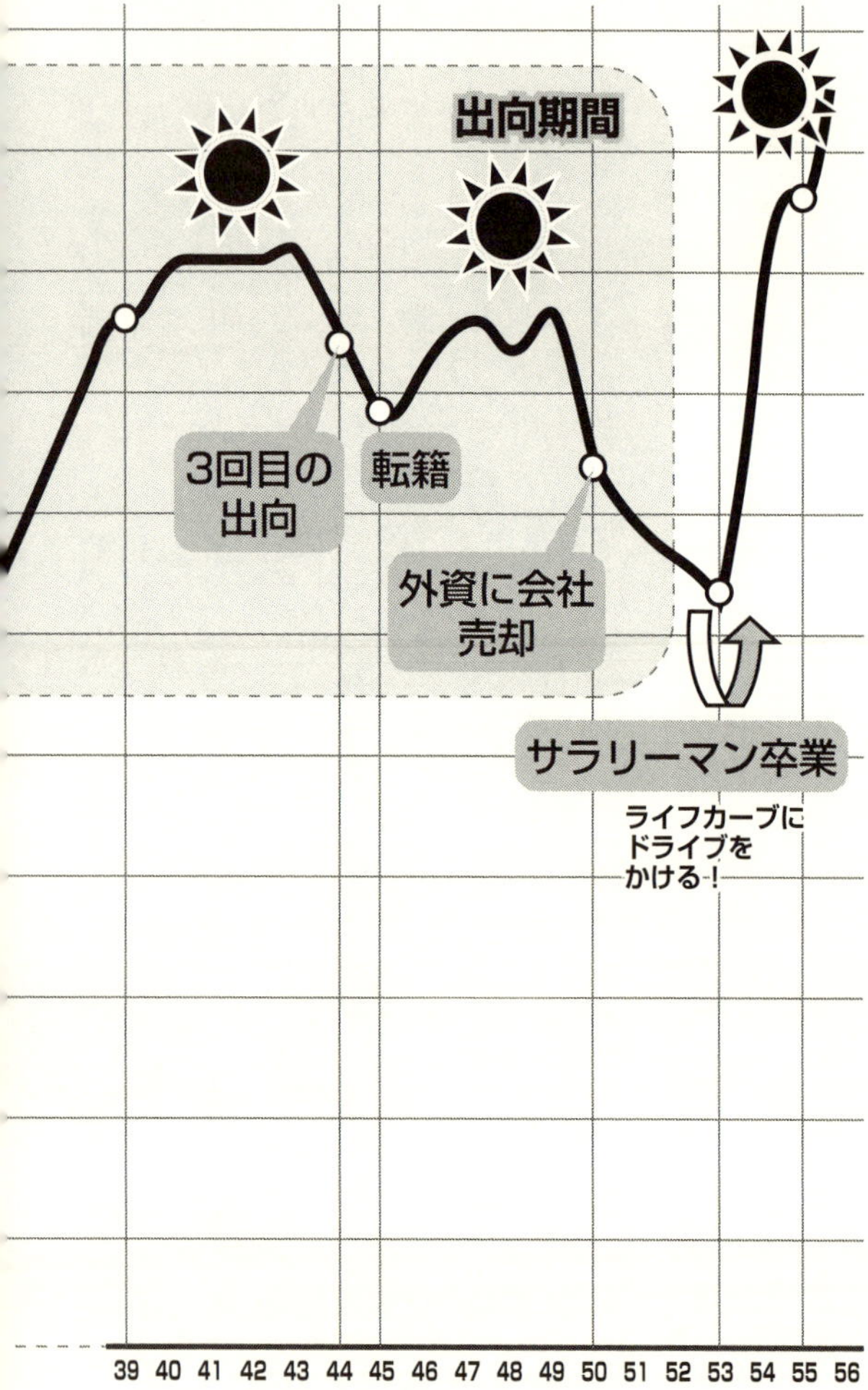

※エクセルのシートをダウンロードできます（本書最終ページ参照）。

【図4】木村勝の社会人生活「ライフカーブ」

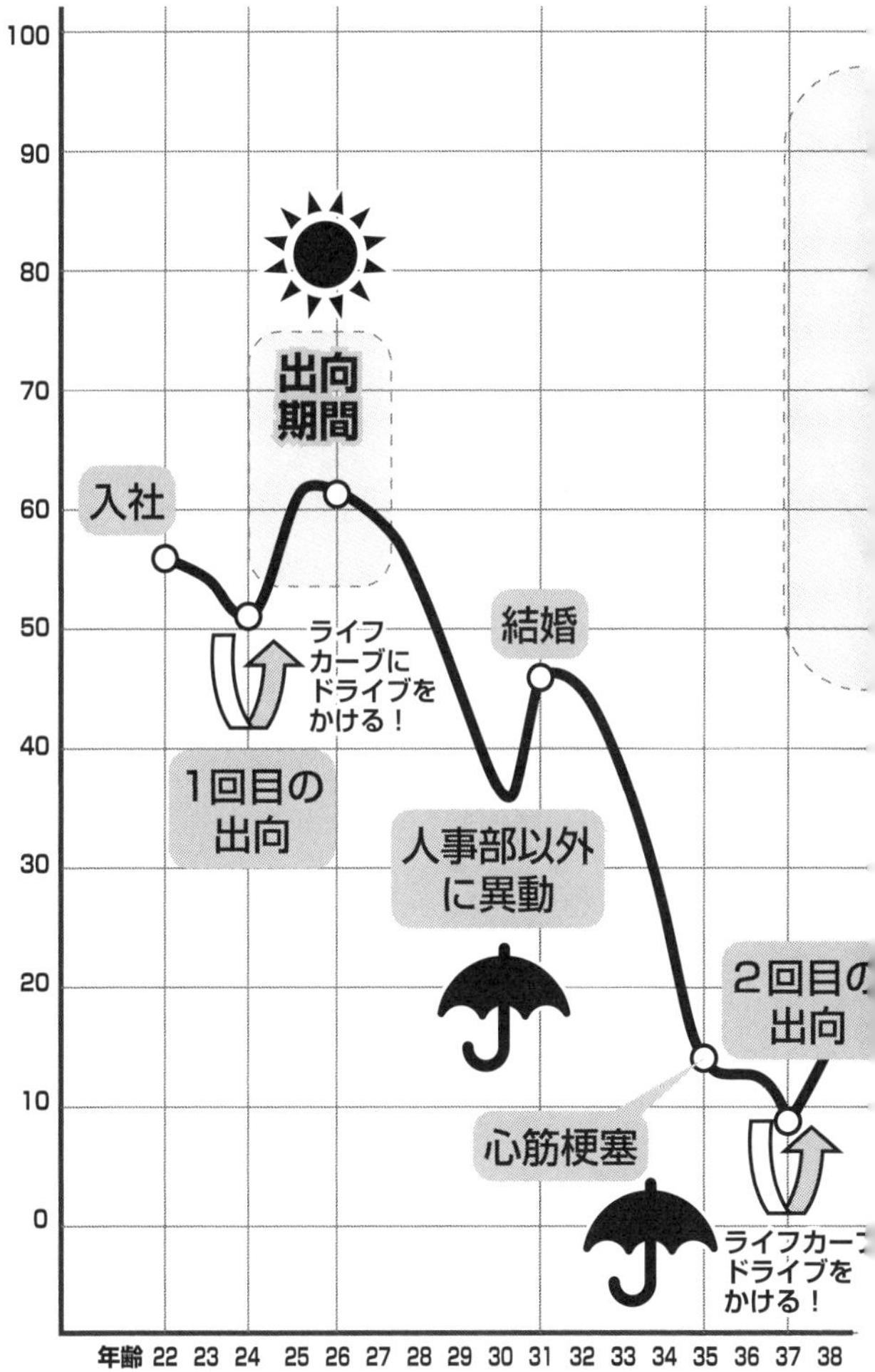

まず1度目は35歳、長男が生まれる直前に急性心筋梗塞で倒れたときです。

当時は、自動車メーカーの工場人事課係長として一番バリバリ働いていた時期でもあり、自分の健康にも自信がありましたが（それまで1度も入院したことはありませんでした）、本当にあっけなく倒れてしまいました。

翌月には初めての子どもが生まれるというタイミングだったので、「これからの自分や家族の将来はどうなってしまうのだろう」と、病院のベッドの上で毎日天井を眺めながら思い悩んでいたことを鮮明に覚えています。

幸い手術は成功し、仕事に復帰することができたのですが、その経験を通じて「人生はいつ終わるかわからない」ことを身をもって経験しました。

その当時は「今はがむしゃらに働く時期、定年になって余裕ができたら、好きな温泉巡りをしよう」などと考えていましたが、病気後は「今やるべきことは（あと回しせずに）今やろう」「いつ今回のような別れのタイミングが訪れるかわからない。いやな気持ちで別れるのではなく、別れ際はきれいしよう」といったことが行動指針になりました。

2回目のキャリアの節目は、44歳で入社企業を退職して、関係会社に転籍したときです。少なくとも定年近くまではその会社にいると思っていたので、会社から転籍（今の会社を辞めて別の会社に籍を移すこと）を打診されたことは少なからずショックでした。

このタイミングで社命により受講した「ライフデザインアドバイザー養成講座」（ビューティフルエージング協会主催）で作成した10年後のキャリアプランが現在の働き方の土台になっています。

3回目は、勤めていた会社が外資系企業に株式譲渡されたときです。求められる役割も変わり、日本語のわからない中国人の上司の下で自分の伝えたいことの十分の一も伝えることができないもどかしい毎日が続きました。

もちろん一念発起して英会話の勉強に全力を注げばよかったのですが、その当時はそのようなモチベーションも湧かずに、この状態で定年までの残り10年間を今のポジションで仕事を続けることが難しいということが自分なりに納得できた時期でした。

この3度目の節目は、30年間1度も自分の意志で転職をしたことがなかった自分にとって、計画してきたキャリアプラン実行のトリガーとなりました。

振り返ってみると、こうしたキャリアの節目で考えて実行したことが、現在のキャリアにすべてつながっています。**不遇なときほど実はチャンス**なのです。

シニア期に入ったらマインドセットを切り替えよう

心理学者のユングが唱えたライフサイクル論（人生の正午）という理論があります（図5）。

ユングは、人生を1日の太陽の運行になぞらえて、40歳を人生の正午と考えました。

人生の中間地点（人生100年時代の今は50歳という年齢がそれにあたるかもしれません）において、今までの会社での地位や賃金といった目に見える「外的達成」から生きがいや自分なりの仕事への納得感など、目に見えない「内的充実」に生き方の重点をシフトしていく必要があります。

　このプロセスがうまくいかないと、次のステップである老人期にうまく移行することができず人生最大の危機の時期を迎えるとユングは指摘しています。

　今仕事が順調で同期の中でも一番手で出世している人にいくら「将来のキャリアが重要」と言っても、その本人には決して響かないのです。

　しかしながら、いつかは拠り所とする会社との縁も定年、あるいは定年再雇用期限の到来といった形で切れてしまいます。


【図5】人生の正午（ユングのライフサイクル論）

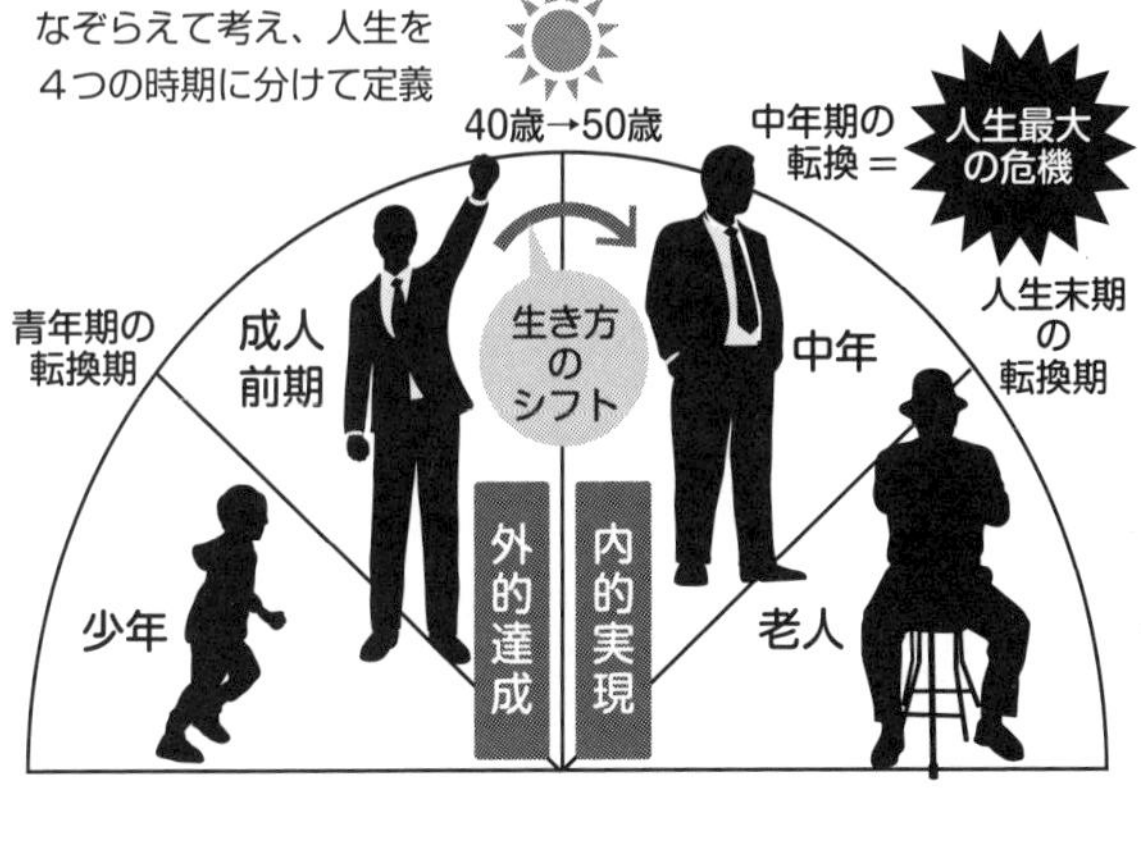

この本を手に取ったあなたにとって「今が人生の正午」なのかもしれません。先述のような人生における何かしらの節目にご自身が遭遇されている方、あるいは言いようのない将来への不安感から本書を手にした方もいらっしゃると思いますが、ぜひ今をチャンスと捉えて次章から始まる実践編を実行してください。

①人生の節目（不遇な時期こそチャンス！）を逃すことなくチャンスとして捉えること
②その節目で1度立ち止まってキャリアの棚卸しを行うとともに、将来の方向性を見定めること
③その方向性に従って着実にやるべきことを愚直に実行すること

この3ステップこそが将来に続く「働けるうちは働くため」のキャリア実現のポイントです。

サラリーマンの人脈とノウハウには実はこんなにニーズがある

シニアの皆さんは、社会人になって30年ものキャリアを積んできました。転職・転勤・転属・出向などの異動を通じてさまざまな人とかかわってきたものと思います。

また、取引先・同業他社・外部での委員会・勉強会などを通じて、社内のみならず社外のかかわりが多かった方もいらっしゃるのではないでしょうか。

こうした仕事を通じて関係した社内外の人脈は今も活きていますか？

おそらく、自信を持って「活きている」と答えられる方は少ないのではないかと思います。

特に、社外人脈は、そのとき会っただけの一過性の関係というケースが多いのではないでしょうか。

1つの会社でキャリアをまっとうする従来型キャリアの場合は、社内でよい評判をつちかっていくことこそ昇格・昇給の最大のポイントでしたから、社外の人脈を積極的に拡大していく必要はありませんでした。その意味では、今までは社内人脈重視は合理的な行動様式だったのです。

シニアからのキャリアチェンジで重要なのは、やはり社外人脈であることは事実です

（社外人脈の作り方については第4章で詳しく解説します）。しかし、何十年間も「同じ会社にいた」ということ自体が、のちのち大きな効果を発揮することがあります。

私は6年前に独立し、現在はフリーで仕事していますが、今でも仕事の依頼の7割は、サラリーマン時代の関係者からきっかけをいただいたものです。

「仕事を依頼するくらいだから、昔から濃密な人間関係を築いていたのだろう」と思われがちですが、必ずしもそうではありません。

会社に勤めているときは感じませんが、実際に会社を辞めてみると「同じ会社にいたこと」自体が〝ゆるいネットワーク〟になっていることを感じます。

この〝ゆるいネットワーク感〟が相互の安心感やコミュニケーションの容易化につながるのです。特に、コラボレーションしてプロジェクト的に仕事をする相手としてはべ

ストパートナー候補になります。

よくリクルートやマッキンゼーの出身者がOBになってからもコラボして仕事をしているという話を耳にします。

これは、両社の社風によるところも大きいですが、同じ文化のもとで長年仕事をしてきたことによる「いちいち言わなくても通じる」効果も大きいと思われます。

サラリーマンの皆さんは、「自分は人脈がない」と卑下しがちですが、実は何十年間も「同じ会社にいたこと」自体が潜在的な人脈になっているのです。特にそうした人脈は、同じ社内にいるときではなく、お互いが今までの組織を離れたときに効果的に働きます。何十年も伊達に社会人経験を積んでいるわけではないのです。

過去は変えられないので「今後どう活かすか」と考える

キャリア心理学研究所代表の宮城まり子先生（元法政大学教授）は、「人生で今日が一番若い日」という言葉で研修を締めくくられます。

先ほどキャリアデザインの３つのステップ（①節目の気づき、②棚卸し＆方向性の見極め、③方向性の実現に向けた愚直な行動）をご紹介しましたが、「思い立ったが吉日」で今日から今まで自分がつちかった資産を「どう活かすか」を考えていけばいいのです。

もちろん過去を変えることはできませんが、過去をどう捉えるかという自分自身の認識の仕方はいくらでも変えることができます。

ほとんどのサラリーマンが気づかない「自分の価値」

「自分の知識・経験・スキルは汎用性がない」「特に世間にＰＲできる代物はない。誰でもできる」と日本のサラリーマンはご自身のキャリアを卑下しがちですが、そんなことはありません。何十年間も会社で働きつづけた人に何も売り物がないなど、あり得ないのです。

そのように思ってしまう理由の1つには、日本のサラリーマンは「井の中の蛙」で、あくまでも自社の中だけでご自身の知識・経験・スキルを見てしまうからです。シニアの方と面談をしていていつも感じることは、誰1人として同じキャリアの人はいないという当たり前の事実です。

社内では確かに当たり前なのかもしれませんが、部外者の私にとっては見たことも聞いたこともないような驚きの経験をお持ちの方ばかりです。

話を少し詳しくお聞かせいただくと「その経験は、こちらの業種にも活かせそう」「ベンチャー企業こそ、こういうスキルが必要になりそう」など、思いがどんどん膨らんできます。

第4章で実践的なキャリアの棚卸しの仕方を解説しますが、業種や職種といった既存の枠組みにくくらないで、今までの経験・スキルを洗いざらしにそのままぶちまけてみると、将来のキャリアにつながる原石がぼろぼろ出てきます。

キャリア開発のワークの中に「自分らしさを探る」ワークがあります。質問者はひたすら2分間、相手に「あなたは誰ですか?」という質問を続けます。

初めは「○○会社の社員です」といった名刺に書いてあるような回答が出てきますが、回数を重ねると、普段あまり他人には話さないような内容(苦し紛れでも)が出てきます。実は、ここにその人独自のほかの人とは違った「自分らしさ」が見えてくるのです。

やはり価値を生むのは希少性ですが、ここは社内の人にはわかりにくい、というよりも、わからないのです。

キャリアに関しては、同じ会社の人ではなく、極力自分とは立ち位置の異なる第三者(たとえば、キャリアコンサルタントやサラリーマンから独立した人など)に相談しないと、せっかく灯った自律キャリアのマインドに冷や水を浴びせられることになりかねません。

私は6年前に独立しましたが、サラリーマンからは「何かあったのか?」「辞めたほうがいい、独立してうまくいくはずがない!」と根拠のない引き留めを受けました。

その一方で、すでに独立を果たしていた先輩に相談したところ、「おめでとう、いいタイミングだね」とまったく正反対の反応でした。

それくらい社内と第三者の見方は違うということを、まずは基礎知識として持っておく必要があります。キャリアも生死を分ける手術を受ける場合と同じように、身近な人だけでなく、まったく異なる経験を持つ第三者のセカンドオピニオンを聞く必要性があるのです。

事例 CASE

印刷会社から発注元に立ち位置を変えることで成功

Cさんは、零細印刷会社の営業マンとして長年キャリアを重ねてきました。

印刷業界も紙媒体の減少により売り上げが減少しており、業績は芳しくありません。

定年後も今の仕事を継続できるか先行き不安に思っていたところ、最大手のクライアント会社で発注を一手に引き受けていたベテラン社員が退職。その会社では代替者がいません。そこで白羽の矢が立ったのが定年間近のCさんでした。

印刷の工程は熟知していますし、どのような納期・注文量であれば一番低コストで印刷できるかということも頭に入っています。大量の販促グッズを印刷する通販会社や保険会社にとっては、印刷は効率化・コスト削減の肝になっています。

Cさんは、まずは短期契約社員としてベテラン従業員の穴を埋めるポジションに入り、コスト削減に大きな効果をあげました。

噂を聞きつけた同業他社からもサポート依頼があり、社内人材にはないノウハウを活かしてキャリアチェンジを果たしました。雇用されるのではなく、業務委託の印刷コンサルタントとして活躍しています。

今の仕事の立ち位置を180度変えることによりキャリアチェンジを果たした事例です。「購買バイヤー↔営業マン」「IT企業のSE↔IT人材の採用に悩む中小企業システム管理者」など、汎用性の高いキャリアチェンジも同様です。

シニアからのキャリアチェンジは、あえて雇用にこだわらず、業務委託などフリーの立場で受注したほうが入り込みやすいことを理解しておく必要があります。

「自分のキャリアは自分で決める」＝「定年の時期は自分で決める」

「働けるうちは働く」ために必要なことは、**「自分のキャリアは自分で決める」**という腹決めです。

「自分のキャリアは自分で決める」というと少し抽象的なので、もう少しブレイクダウンすると、「いつまで働くか〝定年〟の時期くらいは他者に依存することなく、自分が主導権を握って決める」ということです。

今あなたが感じている不安は突き詰めて考えると、「いつまで会社で働けるのだろう（働くのだろう）」という不安ではないでしょうか？

この不安は、いわゆるキャリアの5W1H（何のために・何を・どのように・いつまで・どこで）を自分で決めることにより、自然と氷解します。

自律的キャリアデザインとは、「自分で選択し、その結果を引き受ける」ことにほかなりません。他者に決めてもらうのではなく「自分で決める」という決断は重いですが、自ら下した決断の結果に失敗はありません。

定年後のキャリアは「優秀か、優秀でないか」ではなく、「準備したか、しなかったか」で決まる

シニアからのキャリアチェンジの成否は何によって決まるのでしょうか？

今までの会社での実績・役職・資格、それとも学歴でしょうか？

シニアからのキャリアチェンジの成否は、その人が優秀かどうかは関係ありません。事前に準備しているかどうかで決まります。

シニアからのキャリアチェンジの時期についての私の持論ですが、早ければ早いほどいいというものでもありません。私の考えるベストタイミングは、「**55歳で準備を開始して定年60歳のときに実行に移す**」です。

現在、企業には65歳雇用義務が課されているので、実質的な会社人生のリタイア時期は65歳になっています。かつてのように60歳完全定年の場合に55歳スタートは少し遅い感がありましたが、今の55歳はかつての50歳にあたります。

実質定年10年前に準備スタートです。「働けるうちは働きつづける」セカンドキャリアを検討するスタート時期として最適です。

幸いなこと（？）に周りの多くのサラリーマンは、なし崩し的に60歳定年を迎え、何も考えずにそのまま再雇用に入るので、もし55歳でマインドをリセットして60歳までの5年間で準備できれば、60歳定年時の選択肢を増やすことができます。

65歳以降も70歳、80歳までつながる働き方の実現が十分可能なのです。

私は現在、地域のシニア勉強会に月1回参加していますが、以前は地域活動へのデビュー年齢は60歳でした。しかしながら最近は60～65歳でデビューするシニアはほとんどいません。この期間も引きつづき会社に囲い込まれているからです。

60歳から65歳までの若手シニア（少し変な言葉ですが）の活躍の場は、実はたくさんあります。まさに市場はブルーオーシャン状態です。

これが65歳になると様相が一変します。定年再雇用が終わって企業から放出されたシニア層が行き場所を求めて地域活動や雇用市場にデビューしてくるからです。

65歳からでは遅いのです。なぜなら、その他大勢の「終わった人」市場の中で一から新たな活躍の場を開拓していくことは難しいからです。

「55歳でマインドをリセット、60歳までの在職中に70歳、80歳まで働きつづけられる武器を準備して文字通り定年60歳でGO」——これがシニアのキャリアチェンジの王道と私は考えています。

少なくても65歳前には、なんらかの形でセカンドキャリアを始めておかなければいけません。

日本的な働き方のメリットを最大限利用する
～「転勤」というリスクのない転職で経験を積める日本企業

それでは55歳から60歳まではどうすごせばよいのでしょうか？

この時期は、文字通りサラリーマン生活の最終章です。ここで今までのサラリーマン生活の総仕上げを今の仕事を通じて行います。

皆さんも入社以来、会社の辞令によりさまざまな部署を経験されてきたと思います。人によっては単身生活もあれば、海外勤務があった方もいらっしゃると思います。

また、職種も営業部門から管理部門など違う部門への異動や、あるいは人事部から購買部門など職種が変わった経験をお持ちの方もいらっしゃると思います。

次ページの図6は、私の30年間の異動履歴です。

人事部門を軸に販売会社での新車営業と購買バイヤー、その後2回の社外出向など、ほぼ3年のローテーションで転勤人生を送ってきました。

日本企業にお勤めの方は当たり前のように思いますが、（世界基準で考えると上級マネジメント候補者以外の従業員も含めて）幅広い層の従業員がこのような異動を繰り返す働き方は日本企業独特の働き方です。

こうした多くの日本企業が採用する雇用のあり方は、欧米の「ジョブ型雇用」に対して「メンバーシップ型雇用」といわれます。日本のサラリーマンはこうした社内異動を通じて、実はマルチタスク的なキャリアを積んでいるのです（図7）。

【図6】新卒で日本企業に入社した著者のキャリアチェンジ
（社命による異動例）

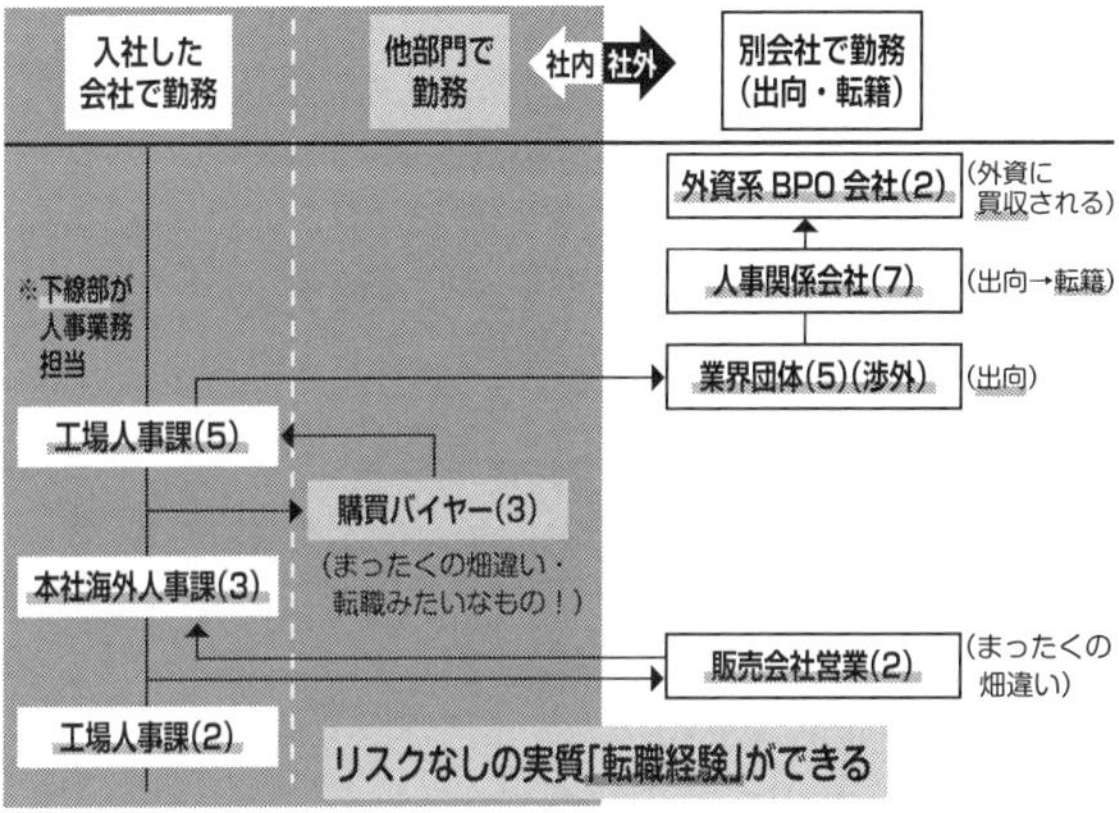

※(　)内の数字は勤務年数

【図7】メンバーシップ型とジョブ型

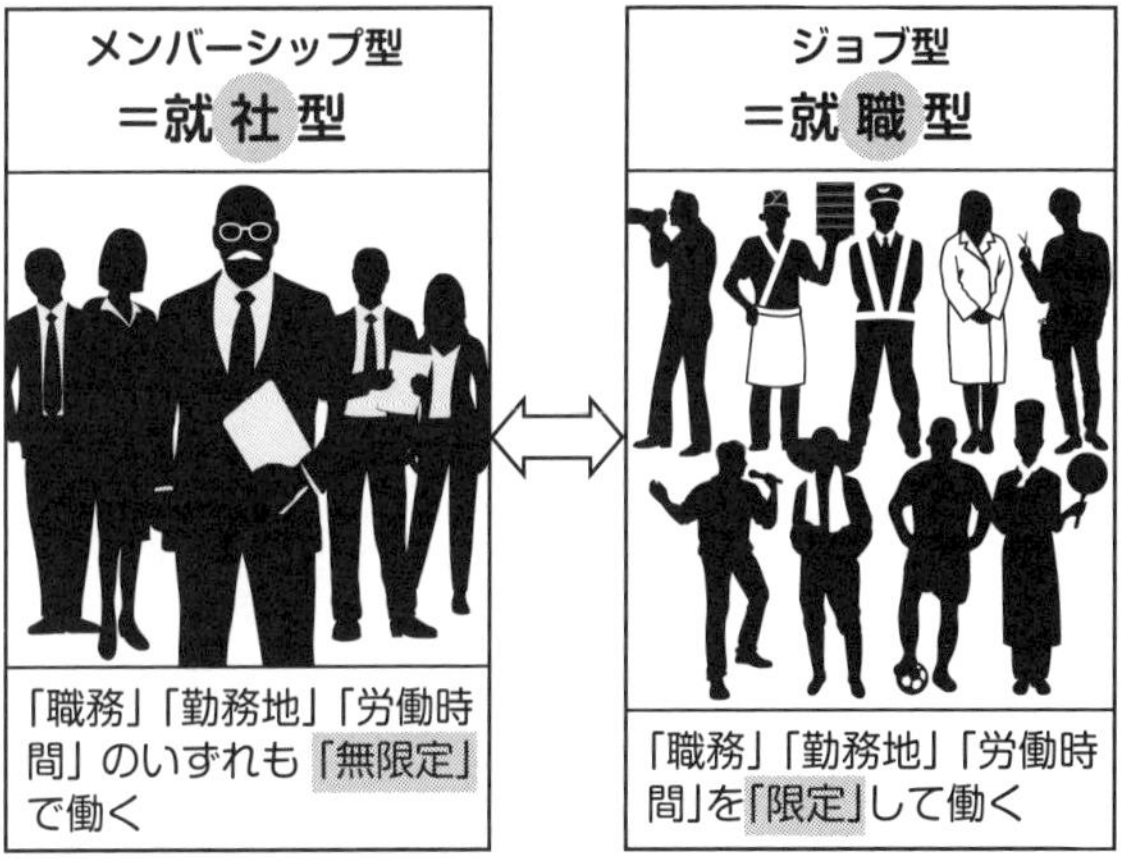

自分の得意技（専門性）を未知の分野で活かすことを目指す

こうした経験は、自分独自の専門性の構築につながっています。今までつちかってきた専門性に異なる領域の専門性をかけ合わせることにより、独自の新たな専門性が見つかるのです（図8）。

よくある事例としては、生産管理担当者がＩＳＯ事務局業務での経験を踏まえてＩＳＯ取得支援コンサルタントになる。あるいは、営業経験にコーチングスキルを学ぶことにより販売会社の営業職研修講師になるといった事例です。

杉並区立和田中学校で、東京都では初めての民間人校長を務めたリクルート出身の藤原和博氏が提唱している、自分独自の価値をかけ算して「レア人材」になる戦略です。

藤原氏は、「今の分野で１００分の１の人材になり、さらに第２の分野で１００分の１の人材になれば１万分の１（１００×１００）の人材になれる、さらに第３の分野で

【図8】自分独自の専門性の構築

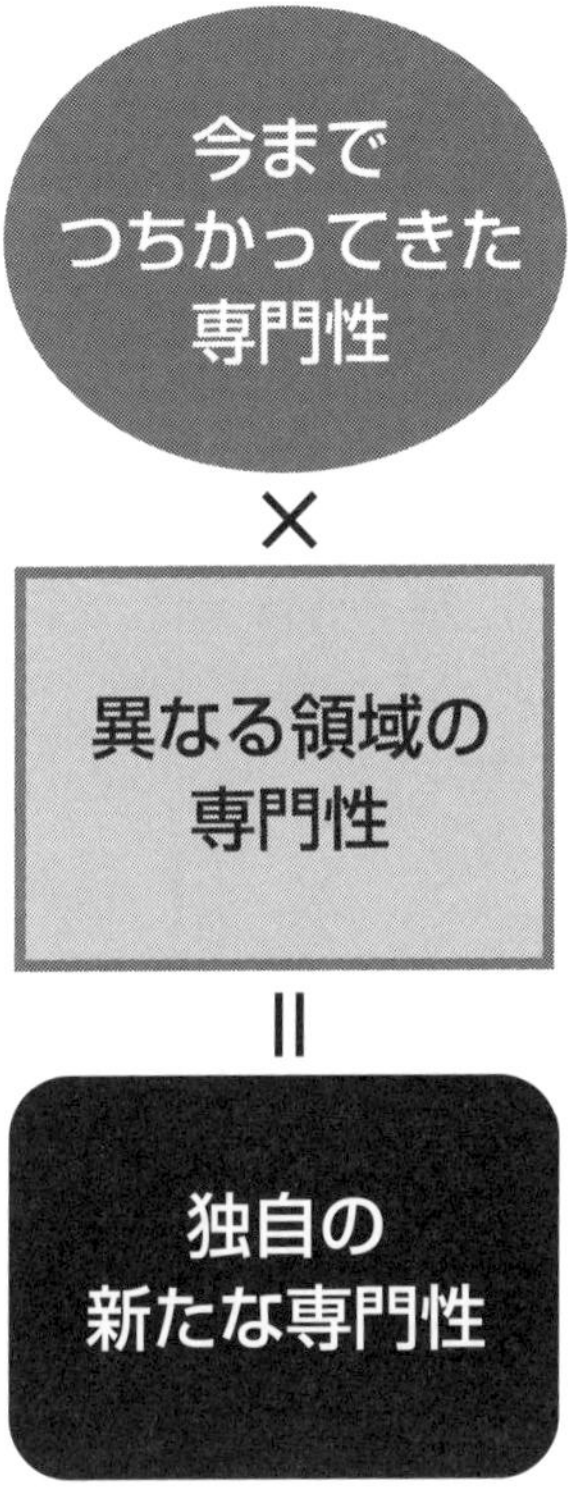

- 生産管理 ×ISO の知識＝ISO 取得支援コンサルタント
- 営業経験 × コーチングスキル＝販社営業職の研修講師
- 人事経験 × 業務フロー作成スキル＝BPO（ビジネス・プロセス・アウトソーシング）コンサルタントなど

１００分の１の人材になればオリンピックメダリスト級の１００万分の１の人材になれる」と言います。

また、その道のマスター（１００分の１の人材）になるためには、１万時間練習すれば必ずなれるとコメントしています。１万時間とは１日８時間、年間２００日働いたとして約6年間です。

長年、企業で仕事をしてきた皆さんは、間違いなく１つの分野に関しては、１００分の１の人材に入っています。転勤などを通じて２つ目の専門領域でも１００分の１の人材になっている方も多いと思います。

こうした埋もれた独自の専門性が獲得できているのは、日本企業のメンバーシップ型雇用の中で働いてきたことのメリットです。

55歳から60歳までの時期はこうした独自の専門性を見いだし、それを今後の武器として磨きをかける磨き上げの時期でもあるのです。

一定期間で上司・同僚が変わるのは日本企業に勤務する最大のメリットの1つ

第1章で年下上司との関係について解説しましたが、メンバーシップ型の日本企業では、たとえそりが合わない上司でも一生同じ部署にいるわけではありません。「石の上にも3年」ではありませんが、3年くらい経つと自分か上司が異動します。人間関係が1度リセットされることも日本企業のメリットです。

常に上司または職場のメンバーが変わることも、シニアにとっては違う意味でもメリットがあります。シニアにとっては、自らつちかった知識・スキル・ノウハウを実践の場で他者に教える経験を持てるからです。

「教えることは2度学ぶことである」という言葉もありますが、他人に教えることほど自分の知識・スキル・ノウハウを血肉化する方法はありません。

会社からシニア層に期待されていることの1つには「ノウハウの伝承」がありますので

で、教える機会があることはシニアにとっては一石二鳥のメリットでもあります。

利害関係抜きの人的ネットワークを作ろう

「会社の看板を背負って知り合った人脈は本当の人脈ではない」とよくいわれます。

確かにそういう面もあるのですが、もしあなたが今までの人脈は捨てて、会社の看板を下ろしてから真の人脈を作り上げようとするのであれば、それは危険です。

独立してみると身に染みてわかりますが、独立してからの人脈はどうしても商売の色が強くなります。独立当初にお声がかかる異業種交流会などは新たな商売のネタをつかもうとする「TAKE&TAKE」、あるいはよくて「GIVE&TAKE」ピープルの巣窟と化しています。

そうです。**商売抜きの利害関係のない人間関係を作ろうと思ったらサラリーマン時代が勝負**なのです。

以前、現在の仕事の7割はサラリーマン時代のつながりだと説明しましたが、メンバーシップ型の世界で働いていく場合には付き合いがどうしても長くなるので、「いいかっこ」ばかりしては生きていけません。良いことも悪いことも自己開示して人間関係を作っていくことになります。

こうして作られたサラリーマン時代の人間関係が、実はのちのち効いてくるのです。

事例 CASE

本の筆者に読後感想文を送付したことからつながった新たなキャリア

私は、サラリーマン時代に感銘を受けた本の著者さんに読後感想文をお送りしたことがあります。返事はまったく期待していませんでしたが、直筆のご返事をいただき、以降、年賀状のやりとりが続きました。

独立後には、著者さんが主催する勉強会にお声がけいただき参加しました。その勉強会がご縁となり、参加メンバーの方からセミナーの依頼を受けました。感想文送付から4年後のことでした。

解説 COMMENTARY

先生と言われる立場の方とはどうしても越えがたい距離感を感じてしまいますが、利害関係なしの読後感想文送付などを通じてお付き合いが始まることがあります。

本当に役に立った、感銘を受けた本の著者さん、セミナー講師の先生に対して積極的に読後感想文やセミナー受講感想などをメールで送ってみることは、自分自身の考え方の整理にもなるので、おすすめです。

先方も相手がサラリーマンだから安心して対応いただけるということも大いにあるの

です。

「肩書」「資格」よりも「実務経験」がポイント

シニアからのキャリアチェンジというと、どうしても履歴書に書けるような「資格取得」を考えがちです。しかしながら、現業系の転職（土木・建築など）以外では、「資格」は採用にあたって重視されません。

重視されるのは、求めている職種に関する「実務経験」です。昔の漫才ネタで「通信教育で空手の段位を取った」というネタがありましたが、**現実の転職の現場で求められるのは「実務経験」と「人柄」です。**

実務経験を証明するような資格であれば効果はありますが、今まで経験してきた分野と関係のない資格を取っても役に立たないと思っておいたほうが安全です。

資格を取って今までの経験とは関係のない領域で独立しようとするときも同じです。

独立後のポイントは、当然のことながら顧客の獲得です。看板を掲げただけでお客さまが集まってくることは、どんな士業でもあり得ません。

お客さまも「通信教育で空手の段位」を取った指導者に空手を習おうとは思いません。「実務経験」がないと問題解決はできないのです。

資格を取るのであれば、今までの本業と関連性の高い分野の資格を取る。そして顧客獲得の経験がないのであれば、まずはそれを知ることから始めなければいけません。

厳しい言い方になりますが、会社にいながら潜在顧客が獲得できないのなら退職してからの顧客獲得も無理です。

「会社にいるうちに徹底的に実務経験を積んでおくこと」もシニアからのキャリアチェンジの鉄則の1つです。

事例 CASE

サラリーマン時代の業種経験を活かして派遣社員からコールセンター長への大抜擢

Dさんは、地方銀行出身の50代男性。

社外転出を打診されたものの、適当な出向先が見つからず、時間切れ的に退社。正社員での転職活動はうまくいかず、やむなく短期契約社員としてコールセンタースタッフとして転職しました。

コールセンターが受託している業務が金融系のカスタマーサポートだったため、よくある問い合わせのFAQを作成するなど、これまでの知識を周りの対応のために提供していましたが、丁寧な働きぶりを本社に認められ、コールセンターのセンター長に抜擢されました。年収も銀行員時代の水準まで戻り、65歳以降も業務委託で働ける見込みです。

解説 COMMENTARY

今まで経験してきた金融手続きに関する実務経験が評価されて成功した事例です。

シニアからのキャリアチェンジでは、正社員といった雇用形態にこだわらず、まずは職場に入ることを優先したほうがうまくいくことが多いのです。

繰り返しになりますが、いきなり正社員にエントリーするよりも、社内に1度入り込み、そこでの実績を評価してもらい、正社員にプロモートするルートのほうが圧倒的に早いということも基礎知識として頭に入れておくとよいでしょう。

「生涯現役」に欠かせない「一気通貫実務スキル」～実務スキルの磨き上げに最適な中小企業

「生涯現役＝働けるうちは働きつづけるキャリア」を歩むために欠かせないのは「一気

通貫実務スキル」です。

「一気通貫実務スキル」とは、ある業務のまとまりを1人で最初から最後まで完結できる実務力です。

私の専門である人事業務を例にすると、就業規則の改訂という業務があります。

「労働基準法が変更になった」「新人事制度を導入した」といった場合に必ず必要となる手続きです。

この場合の「一気通貫実務スキル」とは次の一連の流れです。

①改正内容に対応した制度を企画する
②会社の稟議承認を受ける
③新制度を就業規則文面に落とし込む
④組合あるいは従業員に説明し、変更の意見書をもらう
⑤就業規則改訂内容を労働基準監督署に届け出

この一連の流れは、大企業ほど業務が分業化されています。①企画と②承認までは社内の人事で担当しますが、③以降は人事アウトソーシングベンダー会社に丸投げ、というケースもあります。

生涯現役を目指すシニアに求められるのは、①から⑤までを自分1人でこなせる「一気通貫実務スキル」です。

「一気通貫実務スキル」獲得のために最適な職場は中小企業です。

中小企業では、1人が何役も担当するのが当たり前です。

私の場合もサラリーマン時代、最後は中小企業で勤務していましたが、人事はもちろん経理や総務までが守備範囲となっていました。

先ほどの【事例】の元銀行員Dさんも、金融の受注から支払い、締めまでの一連の実務の流れに精通していたおかげで、お客さまからの問い合わせ内容も想定でき、それに即した現実的な回答も作成できたのです。

コールセンターには、電話応対のプロはいますが、扱う商品に関しては素人です（もちろん、誰でも回答できるようなマニュアルが準備されていますが）。

特に大企業にお勤めの方は、業務が専門化・細分化されているため、「一気通貫実務スキル」の獲得が難しいケースが多いですが、自ら買って出ても前後行程の業務を担当することも必要です。

ぜひ一気通貫を意識して、実務スキルの磨き上げを図っていただければと思います。

事例 CASE

同族個人経営会社の総務担当からベンチャー企業のスーパー総務役員に転身

Eさんは高校を卒業して新卒で個人経営の部品メーカーに入社。

経理を中心に総務、パート・アルバイト採用、給与支払い、商品受発注業務まで多岐にわたる管理業務を担当。

企業規模に関係なく、管理部門が行う業務は幅広いものがあります。法改正に対しても行政が主催するセミナーに参加したり、市販の参考書を購入したりして、独力で対応してきました。

何十年間も「管理業務のなんでも屋」として勤務してきましたが、オーナーも高齢化し、後継者のいない会社はM&Aで売却されることになりました。そうした状況の中で、長年付き合いのある信用金庫の担当者から創立したてのベンチャー企業の総務担当者職の紹介を受けて転職しました。

若手ベンチャー社長は、本業以外にはまったく知識・興味もなく、管理体制の整備が追いついていませんでしたが、Eさんというベテラン参謀役を得て、管理体制も整い、順調に業績を伸ばすことができました。

Eさんは、現在は取締役管理本部長として、会社になくてはならない人材としてイキイキ活躍しています。

解説 COMMENTARY

ベンチャー企業は、社業の伸びに対して社内管理体制作りが追いついていないというケースが多々あります。こうした会社で求められるスキルは、なんでもこなせる超実務。こうしたマルチな実務経験は大企業では決して獲得できないスキルであり、個人会社に勤めて管理業務をすべて1人でこなしていた経験が活きた事例です。

今いる会社のマネタイズの仕組みを自分のものにしておく

独立するとよくわかりますが、従業員を1人でも採用して継続的に利益を出しつづけていくことは本当に大変です。事務所の家賃もかかりますし、税金も支払っていかなければなりません。

どのような規模の会社でも、独自のビジネスモデルを持ち、利益を生み出している点で社会的にも唯一無二の存在なのです。

今あなたがお勤めの会社はどのような仕組みで利益を生み出しているか理解していますか？

どのように顧客を開拓して（営業）、魅力ある商品・サービスを企画し（商品開発）、競争力あるコストで作り（製造原価企画）、それを確実にお客さまに商品として届けているのか（物流）、その仕組み1つ1つがノウハウのかたまりです。

会社にいるうちに、ぜひその仕組みを徹底的に自分のものにして汎用性のあるモデルにしておくことをおすすめします。

汎用性のあるマネタイズの仕組みもあなたの貴重な財産になります。

「6ゲン主義」で仕事を極める（現場・現物・現実＋原理・原則・原点）

50代シニアの仕事に向き合うスタンスは、今の仕事・職場を「6ゲン主義」で突き詰めることです。**「6ゲン主義」とは、「三現主義（現場・現物・現実）」に「原理・原則・原点」を加えた概念です。**

三現主義は、製造業の方にはおなじみの言葉だと思います。

〝現場〟〝現物〟〝現実〟の3つの〝現〟を重視し、机上ではなく、実際に現場で現物を観察して、現実を認識したうえで、問題の解決を図らなければならないという考え方のことです。

業務効率化・コア業務への人材シフトという旗頭のもと、従来は社内で行っていた業務のアウトソーシング化が進んでいます。企業内で仕事を「一気通貫」でこなすことが少なくなっているのです。

この業務は、「何を根拠に行っているのか？」「なぜこういう処理を行わなければならないのか？」「どのような理由でいつからこのやり方を導入しているのか？」——こうした事実は、原理・原則・原点を理解し、実際のオペレーションを自ら行った者しかわかりません。

シニア世代は、新入社員時代から先輩の厳しい指導のもと、自ら手作業でオペレーション業務を行った経験がありますが、最近の担当者は外部業者にそのプロセスを外注化しているため、実際にやった経験がありません。

単なる「外部ベンダーへの指示者」になっており、担当業務の原理・原則・原点を理解していないのです。

AI化・RPA化が進む中でこれからますます必要とされるのは、こうした原理・原則・原点に関する理解です。AI時代こそ人間がその根拠とされる事実をきちんと押さえておく「6ゲン主義」が求められているのです。

OA機器による自動化の前に、時間をかけて自ら手作業で業務を行って獲得したシニアの「スローノウハウ、スロースキル」が活きてくるのです。

事例 CASE

原理・原則・原点をないがしろにした結果、業務のブラックボックス化が発生

F社では、表計算ソフトのエクセルについてのスキルの高い担当者がマクロを駆使して集計業務の効率化を進めました。

ボタン1つで、今まで何時間もかかっていたデータ集約が短時間で可能になりました。その担当者は、（当然ですが）会社から業務効率化推進の功績により高い評価を受けることになります。

そのマクロ化を行った担当者が異動になり、後任の担当者が配属になりました。前任者から引き継いだマニュアルには、「Pボタンを押す」とだけ記載されています。エクセルのスキルがあまり高くない後任者はマニュアル通りに作業を進めます。

ここで起きたのが法改正にともなう計算ロジックの変更です。

後任者は「Pボタンを押す」ことしか引き継いでいないため、計算ロジックの変更が自分の仕事にどうかかわるのか理解していません。

ロジック変更後しばらく経ってから集計データがおかしいことが他部署からの指摘で発覚しました。

解説 COMMENTARY

計算ロジックが変更になったにもかかわらず、従来通り後任担当者は引き継ぎ通りに「Pボタンを押しつづけた」結果、経営の数字にまで大きな影響を与えるような集計ミスが発生していた事例です。

「計算の根拠は何か」「法改正が発生した場合には何をしなければならないか」といった原理・原則・原点の理解不足とオペレーションプロセスに関する関心不足がその原因です。

オペレーション業務のアウトソーシング化によるプロセスのブラックボックス化が進み、最近の職場で類似した事例がよく起こっています。

AI・RPA時代こそ、実はシニアの独壇場

今後、到来するAI時代にこそ、シニアのつちかった「スローノウハウ、スロースキル」が活躍します。

先ほどのエクセルの事例のように業務の原理・原則・原点を踏まえた業務経験があることは強みの1つですし、メールやSNSに頼ることなく、対面でのコミュニケーションの必要性を若い時代に「鬼軍曹」「お局さま」と呼ばれた先輩から叩き込まれた経験も貴重です。

こうした職場や独身寮での厳しい先輩・後輩関係の中、時間をかけた濃密な人材育成を受けたことがシニアの財産でもあるのです。

事例 CASE

人とのダイレクトな接触を強みに活躍する「高齢者対応のプロ」

Gさんは、通信販売会社のコールセンターを皮切りに、一貫してコールセンター業務に従事するシニア世代の女性です。

1つの会社でキャリアを積むのではなく、コールセンター業務を軸として職場を変えることでキャリアを積んできました。

人とのダイレクトな接触に生きがいを感じ、コールセンターオペレーターというコアスキルで「高齢者対応のプロ」として活躍しています。

高齢化の進展により高齢者の問い合わせがますます増えていますが、高齢者対応こそシニア層の独壇場です。高齢者が困っていることをかゆいところに手が届くように理解でき、操作説明も丁寧と高い評判を得ています。

解説 COMMENTARY

一時期、中国への移管が進んだコールセンター業務ですが、海外でのコストメリットが得られにくくなっていること、顧客へのきめ細かい丁寧な対応によるサービス向上の要請もあり、国内回帰が進んでいます。

ITリテラシーのない〝手続き弱者〟の高齢者がこれから増えていきますが、高齢者ユーザーと対面で応対できるスキルは貴重です。AI・RPA時代だからこそ要請されるスキルです。

事例 CASE

丁寧な地域対応スキルはシニアの独壇場

Hさんは、小規模の部品メーカーに長年勤務し、工場の生産技術の実務の要として活躍してきましたが、勤務していた企業が海外メーカーに買収され外資系に。

外国人トップと新たなスタッフが工場に赴任し、一部社員のリストラも始まり、生産技術の同僚もクシの歯が欠けるように退職していきました。

上司には外国人が赴任してきましたが、原料や製品物流、納入先会社の品質検査の厳しさ・複雑さ、また工場の環境対策・地域対策など複雑なジャパンルールに外国人上司は戸惑い、さじを投げそうな状態になりました。

こうした中、生産技術の担当ではあったものの、積極的に担当外である環境対策や地域対策などのルール作りを進め、地域住民の信頼度アップに貢献したのがHさんです。

外資系経営者からの信頼も厚く、部長に昇格し、技術担当役員の候補にもノミネートされています。

解説
COMMENTARY

環境問題の意識の高まりもあり、地域渉外活動の重要性は年々高まっています。従来こうした仕事は、総務部のベテラン社員がコツコツと時間をかけて人間関係を作り対応してきましたが、最近こうした「コツコツと地道な取り組み」が必要とされる業務を直接企業収益に直結しない付加価値を生まない仕事として軽視する傾向も一部に見られます。

ＡＩ・ＲＰＡが進んでも最後まで残る、こうした対面業務こそシニアの独壇場です。

第3章

「働けるうちは働く」ためのセルフ意識改革

自分のOS（ポータブルスキル）を意識する

皆さんは、「ポータブルスキル」という言葉を聞いたことがありますか。

ポータブルとは「持ち運び可能な」という意味で、どの職種に転職したとしても必要とされる、汎用性の高いスキルのことをいいます。

たとえば、シニアの皆さんは難しい案件に対応したことにより、問題発見能力や状況判断力、時間管理能力などのスキルをそれぞれ独自に習得しているはずです。

スキルを「在職していた○○会社での○○職種（人事や営業など）」といった個別業務ではなく、「その経験を通して習得したもの」として捉えるのです。

ポータブルスキルは、実際の業務を通じてつちかわれるスキルです。

シニアの皆さんは長年のサラリーマン生活でそれぞれ独自の専門性をお持ちですが、その専門性を効果的に稼働させるためのベースとなるスキルがポータブルスキルです。

パソコンでいうと、個別ソフトが専門キャリアで、専門キャリアを発揮させるOS的なものがポータブルスキルと考えるとわかりやすいかもしれません。

3つのポータブルスキルを「見える化」しておこう

①対課題対応スキル

仕事上の課題を発見し、段取りを組みながら適切な方法で解決をはかるためには、情報の収集力・課題解決力・発想力・実行力などが必要とされます。こうしたスキルが「対課題対応スキル」と呼ばれるポータブルスキルの1つです。

②対自己コントロールスキル

課題に対して主体的に取り組み、よりよいパフォーマンスを出すために自分自身をコントロールするためには、自律性・自主性・感情コントロール・ストレスマネジメント・意欲創出力などが求められます。

③対人対応スキル

仕事で高い成果を出すために、周囲を巻き込んだり利害調整をはかったりしながら、よい人間関係を築いていくためには、コミュニケーション力・リーダーシップ・協調性・交渉力などのスキルが必要になります。

どんなに高い専門性があっても、それを現実に効果的に発揮するためには、①から③のようなOS的なスキルも兼ね備えておく必要があります。

そのためには、仕事の経験を棚卸しして、その経験を通じて習得したスキルを①から③のような視点で整理し、「見える化」しておくことがポイントです。

ポータブルスキルが明確ならば他業種・他職種も怖くない

ポータブルスキルが明確になっていることで、同業種・同職種だけではなく、他業種・

他職種へのスキルの汎用性が格段に高まります。

たとえば、介護・育児業界は、慢性的な人手不足と従業員の高い離職率に悩んでいます。

こうした業界は、直接業務にかかわるヘルパーさんや保育士さんの人集めが最優先で、それを支える労務管理や生産管理的なスキルを持ったスタッフ的人材がなかなか確保できていません（収支的に管理業務要員を確保する余裕がないことも現実です）。

高止まりする離職率に悩むこうした業界に、たとえばメーカー工場で作業工程を束ねていた班長さんのような優れたチームマネジメント経験を持つシニア社員のスキルが活用できれば鬼に金棒です。

正社員だけでなく季節従業員、新入社員からシニア社員まで多様なメンバーから構成される現場を、朝礼や日ごろのこまめな声かけで維持してきたのが現場の班長さんです。

介護・育児職場の高離職率には、賃金など条件面での低さももちろんありますが、職場の人間関係を円滑にまとめる、たとえば労務管理スキルに長けた人材が不足していることもその要因の1つになっています。

介護業界というとヘルパーさん、育児業界というと保育士さんといったダイレクトなキャリアトランスファーしか一般的には頭に浮かびません。

しかし、少し視点を変えて、長年経験を積んだシニア社員がサラリーマン時代の専門性（人事・経理・生産管理・営業など）をそのまま活かして、それらの人手不足業界にキャリアチェンジすることも、これから推進していくべきでしょう。

厚生労働省は規模の小さい介護や保育の法人に連携をうながすために企業の持ち株会社に近い方式で、複数の法人を1つの法人にぶら下げ、人材や資金を融通して使えるようにする新たな制度を検討中です。

1つの法人のもとで経営が一体になれば、人材や資金をやりとりすることができます。たとえば、介護施設の事務担当者に余裕ができたら、同じグループ内にある保育所の仕事もしてもらうといった運用や、保育を手がける複数の法人を傘下におき、採用や研修をまとめることもできるようになります。

長年経験してきた業界とは違いますが、こうした介護・保育業界の業務の担い手としてシニアが活躍する場面を作っていくことも重要です。

こうした場面において要求されるのが、長年つちかった専門性を他産業・業界でも発揮させる力（OS）、すなわちポータブルスキルです。

シニアのキャリアを考えるうえで欠かすことのできない視点が「ポータブルスキル」なのです。

戦略的自己投資を行おう
～サラリーマン時代にさまざまなチャレンジをしておく

サラリーマンという職業の最大の魅力は、安定して給与が毎月振り込まれることです。

私自身、サラリーマン時代は当たり前のこととしてその恩恵を感じていませんでしたが、いざ独立してから、そのありがたみを痛感しました。

独立してからシェアオフィスを契約したり、人脈作りのために異業種交流会に参加したり、各種セミナーに参加したりしましたが、独立当初の収入ゼロ状態からの新たな支出はたとえ少額といっても本当に大変でした。

そのときにつくづく思ったことは、「サラリーマン時代の定期収入がある時期にあらかじめ体験しておけば、要・不要の判断が事前につき、回り道する必要がなかったな」ということです。

独立前は、妙なストイックな気持ちがあり、在職中に独立に関連した準備を行うことに対して罪悪感のようなものを感じていました。

また、中途半端に片手間に準備を始めるのではなく、会社を退職してまったくのフリーになってから全精力を傾けようと思っていたので、今考えても退職日前日までよく会社の仕事（引き継ぎ・残務業務処理）を行っていたものだなと思います。

平日の勤務時間中は、もちろん給与をもらっており、職務専念義務があるので、会社の仕事に専念することはもちろんです。しかし、**休日や年休時には、体験できることは**

できる限り体験しておいたほうがいいです。

実際にサラリーマンから独立して感じたサラリーマン時代にやっておいたほうがいいと思う事項を2つご紹介します。

①独立開業系セミナーの受講

たとえば、独立開業系の講座こそ、サラリーマン在職中に受講しておくべきです。

行政書士や社会保険労務士などの士業、そして士業に限らず1人で仕事をする個人事業主は、軌道に乗るまでは経営が大変で、特に開業当初の1~2年は特に大変です。

どうしても「売り上げをなんとか上げたい」という焦りの気持ちが強い時期ですが、そんな心理につけこんだビジネスがあり、「ひよこ食い」と呼ばれます。

「ひよこ食い」は、主に行政書士や社労士など開業したばかりの士業向けのビジネスが中心ですが、そのほか飲食店など広い意味で開業したばかりの個人事業主をターゲットとしたビジネスも含みます。

名目はいろいろで「集客の手法を教えます」「失敗しない開業ノウハウ」などさまざまですが、基本的には、入り口は無料セミナーなどで集客し、そのあとで高額なDVDなどの商品を販売する流れです。

もちろん、中には成功者の有効なノウハウを学べる実践的な講座もありますが、独立当初の気持ちが焦る状況の中では、その見極めができません。

こうした講座ほどサラリーマン時代に受けてみるべきです。開業当初の焦った気持ちではなく、冷静な立場でその内容の要・不要を判断できます。

「開業1年目限定」などと標榜《ひょうぼう》するセミナーもありますが。開業予定であれば参加を拒まれるようなことはまずありません。一歩引いて冷静に判断できるサラリーマンのうちにこそ、こうした講座を受けて、独立しようとする領域の現実を知っておくことをおすすめします。

このあたりの話は、開業してある程度の年数（3年くらい）が経過した個人事業主に実際の話を聞いてみることをおすすめします。開業当初には、ほとんどの方がこうしたセミナーの勧誘を受けた経験があるので、詳しい話を教えてくれます。

②業務に関する法改正セミナーなどの受講

人事担当者でいうと、「働き方改革」に関する法改正説明のセミナーに参加するなど、自分の業務に直結したセミナーなどに参加するケースです。

こうしたセミナーでつちかった人脈は、(後述しますが)のちのちの仕事拡大につながることがあります。

ただ漫然と業務命令でイヤイヤ参加するのではもったいないです。業務関係のセミナーに参加したときは、次の行動を基本動作にしてください。

まずは必ず担当講師と名刺交換をしておくことです。

会社に戻り、セミナーの内容を実際に就業規則へ落とし込もうとするとかなりの確率でわからないことが出てきます。このときに、セミナー当日に名刺交換した講師に確認するのです。

セミナー講師も、セミナー終了後の正式のコンサルティング業務の受注を狙って講師を引き受けているパターンが多いのですが、受講者からの電話やメールで回答可能な内容については、丁寧に答えてくれる場合がほとんどです。

講師としてもセミナーに反応があることはうれしいのです。遠慮することなく、尋ねてみることをおすすめします。

また、当日隣の席になった受講生（あるいはグループワークで一緒になった前後左右のメンバー）とも名刺交換をしておくこともポイントです。

実務にセミナー内容を適用しようとするとうまくいかないケースが出てきます。その際に頼りになるのが同じセミナーに参加した隣席の参加者です。

隣席の参加者も同職種のサラリーマンなので、同じ問題で悩んでいます。現場での現実的な解決のための最適なアドバイザーになってもらえるのです。

また、こうした講師やほかの参加者とのネットワークは、セミナー終了後に開催される懇親会などで構築できればベストです。お酒が入った懇親会では、自己開示も進み、業務上の悩みの共有もしやすい雰囲気になります。

自分の担当職種に関する専門セミナーに業務命令でイヤイヤ参加する人もいますが、せっかくの機会をドブに捨てるようなものです。

特に、**将来の自分の専門性の核になる領域のセミナーに関しては、自費を払ってでも参加しておくことをおすすめします。**

サラリーマン時代から自分の知識・経験・スキル獲得のために積極的に戦略投資するかしないかで、のちのち大きな差が出てきます。

事例 CASE

社外セミナーで学んだ同期のつながりがセーフティネットに

Iさんは、中小企業の総務部で長年人事・総務を担当。大企業のように法務部門があるわけでなく、法改正があると自分のアンテナで情報を仕入れ、就業規則や制度改定に対応してきました。

その際に特に参考になったのが、人事専門研究所などが主催する法改正セミナー。何度か参加するうちに毎回顔を会わせる他社の人事担当者と顔なじみになり、名刺交換をきっかけに情報交換もするようになりました。

数年後、50代後半でインディペンデント・コントラクター（IC＝独立業務請負人）として独立し、退職&独立の挨拶状を送ったところ、その人事担当者から業務委託での人事業務サポートの可能性を打診されることになりました。

話を聞いたところ、職場の核となる女性係長が育児休業を取得し、1年間お休みとのこと。育児休業終了後は復帰する予定だったため、雇用という形ではなく、1年間という期間を限定してのサポートをお願いしたいとのことでした。

解説 COMMENTARY

長年の付き合いで実務能力・人柄は十分わかっていたので、即戦力として業務委託の依頼があったケースです。

まさに長年の付き合いがセーフティネットになり、独立当初の業務安定につながった事例。結果的には1年後の女性係長の復職後も、Hさんは別の新規課題のサポートを依頼され、現在も関係は継続中です。

ベンチャー企業、中小企業における人事・経理・総務などの専門領域の人材不足は慢性化していますが、1人を採用するほどの業務ボリューム、労務費的な余裕のない会社が多いのが現実です。

そうした企業にとって、「期間と仕事」を限定してサポートしてくれるインディペンデント・コントラクターは大変重宝する存在です。

労務費ではなく経費として処理できることも部署としてはメリットです（業務委託の場合、契約決定の当事者が人事部ではなく、その領域の実務責任者が業務発注の決定権者になっているケースが多い）。

この事例でもサラリーマン時代からの長年の付き合いを通じて、先方がHさんの実力と人柄を十分に承知していたため、スムースに業務サポートが開始でき、独立当初の経済的な不安定さの解消にもつながりました。

セミナー参加がはからずも同職種での人脈形成になり、独立後の仕事の受注につながったケースです。

安価なシェアオフィスを借りて、退職後のシミュレーションをしておく

私が5年前にサラリーマンを卒業したとき、仕事の拠点をどうするかが大きな問題でした。自宅は賃貸だったので看板を掲げるわけにはいかず、狭い間取りの自宅にはとても仕事スペースを確保することはできません。

結局小さなレンタルオフィスを借りることになりましたが、こうしたオフィスをレンタルする際にも、サラリーマン時代からトライアル的に使ってみることをおすすめします。

特にシェアオフィスは、費用もそれほどかからず、最近その数も増えているので選択肢も豊富です。

自宅と会社の間にこうした場所があることにより、リカレント（学び直し）の拠点にもなりますし、独立・起業へのモチベーションアップにもつながります。

シニアからの独立のケースで、退職金を元手にいきなり駅前に事務所スペースを借りる方もいますが、毎月給与が入るサラリーマン時代にこそ、こうしたシェアスペースを

借りて「本当にオフィスは必要か否か」を体感しておくことをおすすめします。

ちなみに、今の私は都内にあるシェアスペースを契約していますが、都内8カ所（どこも駅前の一等地です）を朝9時から夜20〜21時の営業終了まで利用でき、月々の費用は1万円以下です。

独立直後はこの金額でも厳しいのですが、将来独立を想定している方は先行投資として月々の給与をもらえるサラリーマンのうちに経験しておくことをおすすめします。

会社帰りのサラリーマンの利用者（若手が多い）も多く、その姿を見ただけでも「自分もがんばらなければ」と、大きなモチベーションアップにつながります。

シェアオフィスは、会社員マインドから個人事業主マインドに切り替える場としても有効に機能します。私は、サラリーマン時代こそ体験しておくべきだったと今でも思っています。

「自分の当たり前」が他人にとっては「貴重なノウハウ」

サラリーマンの皆さんとキャリアのお話をしていると、皆さんご自身の知識・経験・スキルを過小評価されていることに気づきます。

「これと言って特別なスキルは持っていないし……」「誰でもできる仕事です」「資格もないし人に言えるような経験をしてこなかった」など。

もちろん、そんなことはありません。第2章でも解説しましたが、今のシニア世代は終身雇用という濃密な家族主義的な人間関係のもと、長期的な視点で着実にキャリアを積み上げてきました。

今後ともこうした長期人材育成システムが維持できるかどうかは不明（正直同じ形での維持は難しいでしょう）ですが、現在シニア世代の皆さんはこのメリットを存分に享受してきたのです。これを使わない手はありません。

キャリアを「アナロジー思考」で考えると思わぬ新天地が見つかる

「アナロジー思考」という言葉を聞いたことがありますか？

コンサルタントの細谷功氏が『アナロジー思考』（東洋経済新報社、2011年）で詳しく解説していますが、日本語でいえば「類推」、すなわち「類似のものから推し量る」思考法です。

この考え方はキャリアについても適用できます。**ご自身の今までのキャリアを「関係性」という観点から抽象化し、それを業種・職種といった枠組みを超えて、思いつかないような遠い領域で適用してみるのです。**

この章の前半でご紹介した「ポータブルスキル」と似た考え方ですが、ポータブルスキルが仕事を行ううえでの普遍的なスキルをさすのに対して、アナロジー思考は、今まで携わってきた環境など関係性からスキルの応用性を探る考え方です。

具体的に考えてみます。

長年、官公庁相手の営業をしてきたサラリーマンは、官公庁独自の仕事の進め方に精通しています。

学識経験者による研究会や審議会のタイミング、予算編成の時期、施行規則や通達の読み方など、官公庁を相手に仕事を進めるためには外してはならないマイルストーンや暗黙のルールが存在します。

一般的には、自分が所属する会社の業種や担当職種からしかキャリアを考えませんが、たとえばこうした「官公庁と民間企業間での仕事」という関係性に着目して、それをほかの領域に活用できないかと考えるのがアナロジー思考です。

官公庁の許認可を受けながら新たな業務領域を開拓していくベンチャー企業にとっては、この関係のもとで効率よく仕事を進めることができる人材は貴重です。

キャリアを「○○メーカー」「○○業界」「人事・経理・営業」といった一般的な枠でとどめておく必要はありません。

「自分の当たり前」が、自分とは関係ないと思っていた遠い領域では実は貴重なノウハウだったということも多々あるのです。

事例 CASE

「管財」のスキルを活かして寺院経営のブレーン的存在に

総務業務の1つに「管財」と呼ばれる仕事があります。会社の不動産やオフィスの賃貸借やリース物件管理を担当する仕事です。最近では「ファシリティ管理」と呼ばれることが多いです。

Jさんは、長年工場の総務課で工場の建屋・駐車場などの不動産管理、リース物件、ロッカー・更衣室などの構内施設の管理を担当してきました。そうした定年間近のJさんが取引先の銀行経由で紹介されたのが、お寺への就職です。

話を聞くと、住職を務めていた長男が急逝し、今までメーカー技術者としてサラリーマンをしていた次男が急遽住職の跡を継ぐことになったとのこと。

長年メーカーでエンジニアをしていた新住職の目には、檀家管理から建物修繕管理、周辺への土地貸借管理など改善の余地がたくさん見えてきました。

しかしながら、実働部隊としてそれに取り組む人材が今の寺院にはいません。そんな状況のもと、管財のプロであるＪさんに白羽の矢が立ちました。

製造業と寺院とまったく業種は異なりますが、穏やかでコツコツタイプのＪさんは、檀家や出入りの庭師などの関係者の評判もよく、新住職にとって同じ民間企業目線で話が通じるＪさんの存在は、管財の枠を超えて、寺院経営のブレーン的存在になっています。

解説 COMMENTARY

業種という枠を超えて長年つちかってきた経験・スキルが活かされた事例です。

Jさんが専門的な知識・スキルを有していたことはもちろんですが、それを受け入れてもらうための「人柄・実直性」といった高い対人対応力（ポータブルスキル）を持っていたことも、お寺という民間企業とは異なる環境の中で成功した大きな要因です。

自分の肩書は「当てはめる」のではなく、自分で「作る」

①日本の未来を手助けする仕事
②おなかがすいた人を幸せにする仕事
③お客さんのおなかをすかせる仕事

これらは、ある仕事について中学生が考えた17文字のコピーです。

皆さんは、①～③のコピーがなんの仕事を表しているかわかりますか？

答えはそれぞれ①幼稚園の教諭、②サンドイッチ店の店員、③食品サンプルの製造です。

「たった17字で分かるあなたが『働く意味』」（2018年9月8日「NIKKEI STYLE」）というネット記事において、リクルートワークス研究所主任研究員の辰巳哲子さんが紹介していた「自分の仕事の軸」「本質的で変わらないもの」を見つける方法です。

あなたの今の仕事は「ライスワーク（食べていくための仕事）」でしょうか。それとも「ライフワーク（自分の使命だと思える仕事）」でしょうか。

キャリアの節目では1度立ち止まってこれからの「ライフワーク」をじっくり考えてみることも必要です。

1度「あなたのライフワーク」について「誰に、どんな価値を提供したいのか」を17文字で表してみてはいかがでしょうか？

事例 CASE

「ライスワーク」を「ライフワーク」に捉え直すことで選択肢を増やす

羽田空港は、世界空港ランキングで2013年・14年・16年・17年の4回〝世界で最も清潔な空港〟に選ばれています。その最大の功労者の1人が、清掃部門500人を率いる新津《にいつ》春子《はるこ》さんです。

最近では「NHKプロフェッショナル　仕事の流儀」（2019年7月2日放送）に出演されていたので、ご存じの方も多いと思います。

一般的に清掃業務は「3K業務」と捉えられることが多いですが、新津さんは「清掃は技術や知識を持つプロがお金をいただいて行う作業」と捉えて、まさに清掃のプロとして活躍されています。

解説

COMMENTARY

新津さんの著書『世界一清潔な空港の清掃人　新津春子』（朝日新聞出版、2015年）の中で、「自分にとって大事なことがはっきりしていれば、誰が何を言っても、左右されることはありません」「心をこめないと本当の意味で、きれいにできないんです」など、仕事に取り組む姿勢により、目の前の仕事を「ライスワーク」から「ライフワーク」に変えるための極意が述べられています。

「ライスワーク」を「ライフワーク」と捉え直すことが、結果としてキャリアの選択肢を増やすことにつながります。

国と企業の本音は「65歳以降は自分の力で稼いでほしい」

ポータブルスキルの視点とともに社会とのつながり方に関する意識を変えることも必

要です。

　第1章の冒頭でもご紹介しましたが、２０１９年5月、政府は高年齢者雇用安定法改正の骨子を発表しました。

　希望する高齢者が70歳まで働けるようにするための企業の選択肢として現行の3項目（①定年延長、②定年廃止、③契約社員などでの再雇用）に加えて、次の4項目が加えられています。

④他企業への再就職支援
⑤フリーランスで働くための資金提供
⑥企業支援
⑦ＮＰＯ活動などへの資金提供

今回新たに追加になった4項目ですが、企業の人事部がこれまで経験してこなかった内容であり、かつ人事部だけではハンドリングできない項目ばかりです。

「過去のノウハウもなく、何から手をつけたらいいのか？」というのが今の人事部の正直な気持ちだと思います。

これまでの企業の人事部の役割は、1度雇用した正社員の雇用を守ること（もちろん国の厳しい解雇規制もあります）でした。それが、今回の追加施策は、「会社外で活躍できるように支援せよ」という内容になっているため、コペルニクス的180度方向転換です。

今回の改正案や第1章で紹介した経団連会長の「終身雇用終焉論」を通じて国や企業から伝わってくるのは、「65歳以降は雇用のみに限らず、独立して働くことも考えてくれ」というメッセージです。

2019年6月には、「人生100年時代、老後に2000万円不足」という金融庁の報告書が大きな話題になりました。

「65歳までの継続雇用で働きつづけても老後資金は2000万円不足」という、皆さんが薄々感じていた不安を国が公式（？）にカミングアウトしたことで、65歳以降の働き方に関する不安が増幅されているのです。

いよいよ会社という大きな客船から自ら下船し、自力で小舟を漕いでいかなければならない時代の到来です。

個人事業主の視線を持って目の前の仕事に取り組もう

先述の通り、サラリーマンのキャリアの最終局面では、これから多くのシニアは組織を頼らず「独立」して働く必要が出てきます。

そのためには、サラリーマン時代から「個人事業主マインド」で仕事をすることが必要です。

「個人事業主マインド」とは、使用・従属関係の中で会社からの指揮命令により仕事をするのではなく、「会社と対等な当事者として業務委託契約（コンサルティング契約）を結び、自らの責任で契約した業務を独立して仕事を完遂させていく」業務スタンスのことです。

「すぐに独立せよ！」というわけではありません。たとえ雇用で働く場合でも、「気持ちだけは個人事業主」として仕事に取り組んでおくのです。

会社にいる8時間を拘束された時間と考えるだけではもったいなさすぎます。

「イヤだ、イヤだ」と1日ムダな時間を職場ですごす余裕は、人生後半戦のこの時期にはありません。

また、第2章でも解説した「6ゲン主義」（現場・現物・現実&原則・原理・原点）で生きた現実のケースを取り扱えるのは、まさに今というサラリーマン時代だけです。

その際には、自分が外部コンサルタントとして今の職場に入っていると想定して仕事に取り組むと、より臨場感が増します。

「なぜ今この仕事をこのやり方で行っているのか？」――今の職場をクライアント企業の現場とみなして、その現場の改善策を徹底的に考え抜き、今の担当業務を10分の1以下の時間で終わらせることを真剣に考えてみるのです。10パーセントや20パーセント程度の改善では面白みもありませんし、抜本的な案も出てきません。

外部者の視線で今の仕事に取り組むことにより、将来独立した際に即戦力となるための基礎訓練が今の仕事を通じてできるのです。

フレキシブルな働き方の選択肢を持つことでリスクを減らす
～実は働き方はたくさんある

長年の日本的雇用慣行に慣れ親しんだ日本の（特に大企業の）シニアサラリーマンにとっては、正社員以外の働き方はなかなか想像できないのではないでしょうか。

しかしながら、これからは正規雇用にこだわらず、いや雇用にすらこだわらずにさまざまな就労形態を活用して働くことが「働けるうちは働く」ための大きなポイントになります。

今までは、新卒で入社（あるいは若年期に転職）した会社で定年退職まで「○○会社の社員として定年を迎える」という1社滅私奉公型キャリアがほとんどでした。

しかしながら、これからは、まさにリンダ・グラッドン氏が『ライフ・シフト』で提示するように、「あるときは正社員、またあるときは個人事業主、またあるときは派遣社員」など1つの就労形態にこだわらずに「二足のわらじ」ならぬ「三足、四足のわらじ」を履いてパラレルな働き方をしていくことが当たり前になってきます（図9）。

私の事例ですが、人事業務の独立業務

【図9】これからはパラレルキャリアが当たり前になる

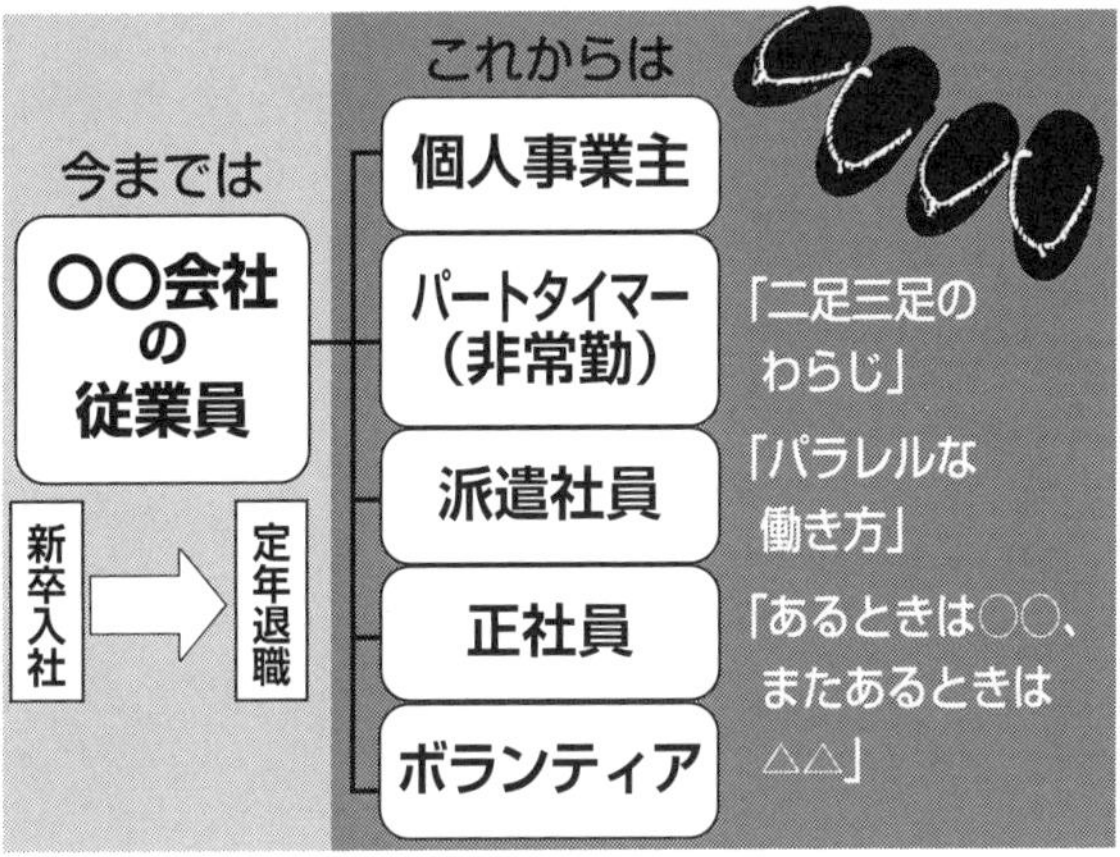

請負人（IC＝インディペンデント・コントラクター）として働くときや、研修会社のコンサルタントとして働くときは、業務委託契約で働き、大学で非常勤講師を務めるときはパートタイム契約で働いています。

基本的に個人事業主なので、自分の意志で雇用形態を決めることができます。あとは、クライアント先がそうしたパラレルな働き方をどう捉えるかです。

従来は、伝統的な企業であればあるほど「社員純潔主義」意識が強く、個人事業主のような外部の人間を会社の中に入れることはほとんどありませんでした。

しかしながら、最近では間接業務を中心とした業務外注化により、外部のメンバーが同じフロアで仕事をしたり、期間限定の特定プロジェクトにわれわれのような外部のICが企業内の活動に参加することも多くなりました。

紳士服のコナカでは、「KONAKA維新塾」という勉強会を開催しています。

この勉強会は、コナカを改善レベルから改革レベルまで変えていくことをコンセプトに社内人材育成の場として発足したものですが、メンバーは社員だけではありません。

外部からの参加もＯＫです。

私もお昼に受け取ったチラシから飛び込みで参加したことがありますが、あくまでも自主活動ではあるものの、コナカの社長自らも参加することもある、活気のある勉強会でした。

コナカの社内改革の現場に外部のメンバーまで巻き込んで活動するそのエネルギーには驚きました。

こうした企業のダイバーシティ的活動を側面からバックアップするのが、**政府が働き方改革の一環として推進する「兼業・副業の解禁」の動き**です。

自社の社員にほかの企業での兼業・副業を認めるくらいなので、こうした企業では自社にＩＣのような専門家を受け入れることに対する心理的ハードルはおのずから低くなります。

アメリカでは、１０００万人に近いＩＣが活躍しているといわれています（ＩＣ協会ホームページより）（次ページ図10）。

【図10】インディペンデント・コントラクター(IC)とは？

（出典：インディペンデント・コントラクター協会HPより）

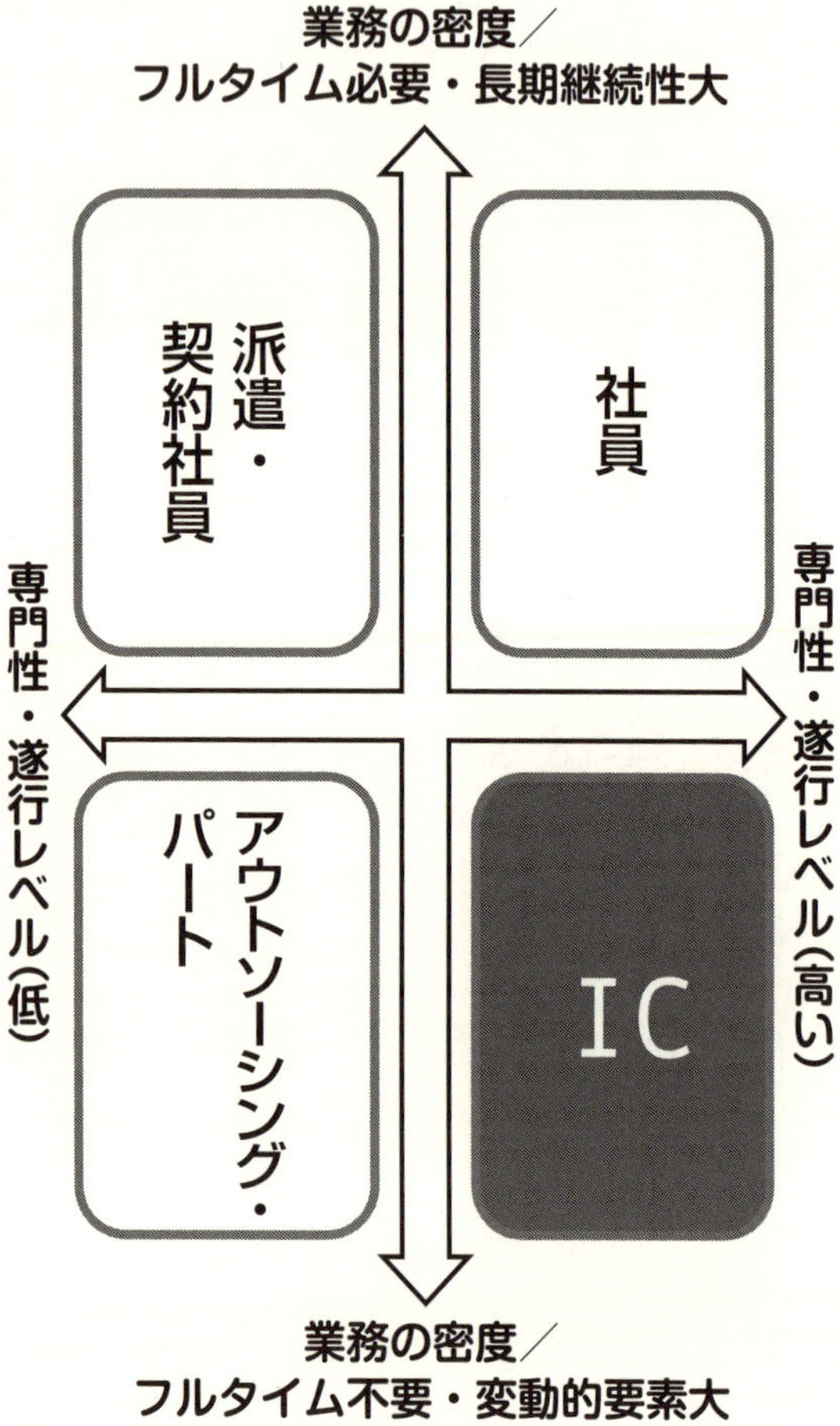

IC的な働き方は、長年のサラリーマン生活によりつちかった知識・ノウハウを活かすことができる、シニアにとっても望ましい働き方の1つだと思います。

正社員あるいは雇用にこだわらず、個人事業主的な働き方も組み合わせて、多様なポートフォリオを実現させていくことこそ、これからのシニアが目指すべき働き方モデルです。

1カ所に依存しない、「雇われない・雇わない」個人事業主的な働き方は、上司もなくメンタル面でもストレスフリーな働き方です。

また、雇用にこだわらないフリーランス的な働き方が増加しつつある背景には、「IT化の進展により可能となったテレワーク的な働き方の導入」の動きがあります。

テレワークとは、「情報通信技術（ICT：Information and Communication Technology）を活用した、場所や時間にとらわれない柔軟な働き方」と定義されます。

テレワークは、子育て世代やシニア世代、障害のある方も含め、国民1人1人のライフステージに応じて生活スタイルに合った働き方を実現できる「働き方改革」の切り札と考えられています。

現在、国は東京都および経済団体、企業とも連携し東京オリンピック開会式の2020年7月24日を「テレワーク・デイ」と位置づけて、多くの企業・団体・官公庁の職員がテレワークを一斉に実施するよう呼びかけており、実際多くの企業がオリンピック期間は会社に出勤せずに、在宅勤務などテレワークで対応することを表明しています。

私の今の仕事のやり方も基本的にテレワークだからこそ対応可能な働き方です。クライアントとの連絡や、成果物の納品に、パソコンやモバイル端末、インターネットを使うことで、クライアント企業以外の場所でも、オフィスに出社しているのと同等の作業を行うことができています。

雨の日も風の日も台風の日も会社に出社することで、日本のサラリーマンは会社への忠誠心を示してきました。

「何があってもまずは這ってでも出社する」という日本的働き方の美学も、「兼業・副業の解禁」と「テレワーク的な働き方の導入」により、いよいよその無意味さが露呈するかもしれません。

「副業・兼業的な視点」を持ち、さまざまなことを経験しておこう

現時点では、すべての会社で兼業・副業が解禁になっているわけではありません。「うちの会社は兼業・副業を認めていないから自分には関係ない」と思いがちですが、重要なのは「兼業・副業的視野」を広げておくことです。

会社によっては、社会貢献活動（ＣＳＲ活動）の一環として地域の緑化運動や地元のお祭りイベントに参画している場合もあります。また、先ほど紹介した紳士服のコナカのような有志による勉強会やプロジェクト活動を行っているケースもあります。

こうした活動は、ご自身の通常の業務とは異なった業務体験やネットワーク拡大につ

ながります。ぜひ、積極的に参加してみることをおすすめします。

会社派遣の東日本大震災のボランティア経験がもとで、支援地域のNPO活動に継続して参加しているシニアの方もいます。企業内プレゼンでつちかったパワーポイントによるプレゼンテーションスキルを活かして地方のNPO法人や市区町村PRで貢献している人もいます。

会社にいるうちに、こうした異業種での経験を積んでおくことでご自身の複合スキル（第2章で解説した、独自の専門性を複数かけ合わせることによるあなた独自の専門性）の幅も広がります。

兼業・副業というと、どうしても別の会社・事業で収入を得ることを考えてしまいますが、ポイントは将来につながる「副業・兼業的な視点」を経験することです。

こうした視点を獲得するチャンスは、「会社が兼業・副業を許可している・していない」にかかわらず、実は社内に多くタネが転がっているのです。

今まで参加を考えてもみなかった社内活動も「複合スキルを獲得する」というアンテナを立てた（意識した）だけで、関連情報がどんどん飛び込んでくるようになります。

副業・兼業を狭い範囲で考えずに、日本企業で働くメリット（幅広いCSR活動や地域活動への参画）の1つとして前向きに活用することもぜひおすすめします。

第4章

「働けるうちは働く人」になるためのキャリアデザイン術

絶対必要なキャリアの「棚卸し」と「キャリアデザインマップ」

この章では、私と同世代であるシニア世代の皆さんに「人生100年時代をエイジレス（年齢にかかわりなく）に働く」ための具体的な実践術を解説していきます。

高度成長時代から今の時代までは、新卒（あるいは若い時期での1回の転職を経て）から定年まで同じ会社で働く「1社添い遂げ型」のキャリアを歩むことがサラリーマンとしての絶対的な勝ちパターーンでした。

それゆえ、日本のサラリーマンは「自分で自分のキャリアを考える」必要もなく、個人も会社もこの領域に積極的に取り組むことはありませんでした。

逆に「自律的にキャリアを考えている」ような〝そぶり〟を周囲に知られることは、会社に対する忠誠心を疑わせる〝反逆行為〟ですらあったのです。

しかしながら、これまで解説してきたようにシニアをめぐる環境は大きく変わりました。従来は、企業に対する厳しい解雇規制などにより「雇いつづけることで守る」ことを基本方針としてきた国も方向転換してきているのです。

第2章でも少しご紹介しましたが、経済産業省が「『人生100年時代』の企業の在り方 ～従業員のキャリア自律の促進～」という報告書の中で、従業員に対する企業の役割の変化として、「企業の役割も『雇いつづけることで守る』から、『社会で活躍しつづけられるよう支援することで守る』に、変容が求められているのではないか」と提言しているのもその表れの1つです。

この章で紹介する「〝働けるうちは働きたい人〟のためのキャリアデザイン術」では、大きく2つのステップを踏んで、これからのあなたのキャリアの羅針盤である「キャリアデザインマップ」を作成していきます。

第1ステップで「キャリアの棚卸し（過去の振り返り）」を徹底的に行います。そのうえで、キャリアの方向性とその実現に向けた行動計画をまとめたキャリアの羅針盤「キャリアデザインマップ」を作成していきます。

アメリカの心理学者エドガー・H・シャインは、「社会生活にはいくつかの節目があり、その節目ごとに自分自身のキャリアを考えることで自己イメージが明確になり、より充実した仕事人生を送ることができる」と言っています。

令和に時代が変わり、新たなキャリアデザインを作り、そして実際に実行に移していくには絶好のタイミングです。

この本を手にした今日こそが、あなた自身のキャリアリスタートの初日です。

これから解説する「〝働けるうちは働きたい人〟になるためのキャリアデザイン術」を実践して、人生100年時代に悔いなき自律的キャリアのスタートを切りましょう！

キャリアの方向性を見定めることが重要

なぜキャリアの棚卸しを行い、キャリアデザインマップを作成する必要があるのか？

「なるほど！」と腹落ちして今後のステップに進んでいただくためにも、まずはこのあたりから解説していきたいと思います。

テレビ番組などで国際的に活躍するスポーツ選手の小学校時代の文集が紹介されることがよくあります。いずれも小学生とは思えないしっかりした文章で書かれています。

さて、次の文章もあるスポーツ選手の小学校時代の文章なのですが、誰が書いたかおわかりになるでしょうか？

2年後～中学2年生、日本アマチュア選手権出場
3年後～中学3年生、日本アマチュア選手権（日本アマ）ベスト8
4年後～高校1年生、日本アマ優勝、プロのトーナメントでも勝つ
6年後～高校3年生、日本で一番大きなトーナメント、日本オープン優勝
8年後～20歳、アメリカへ行って世界一大きいトーナメント、マスターズ優勝
これを目標にして頑張ります。最後のマスターズ優勝はぼくの夢です。それも2回勝ちたいです。

みんな（ライバル）の夢もぼくと同じだと思います
でも、ぼくは2回勝ちたいので、みんなの倍の練習が必要です。
〈中略〉
ぼくは勝てない試合には今は出ません。
ぼくの将来の夢はプロゴルファーの世界一だけど、世界一強くて、世界一好かれる選手になりたいです。

すぐにおわかりになったと思います。プロゴルファーの石川遼選手の小学生時代の文章です（『プロゴルファー石川遼　夢をかなえる道急がば回るな』井上兼行、学習研究社、2009年）。

石川選手が目指すものを明確かつ具体的に設定し、現状とのギャップ、またそれを埋めるために必要なアクションをとてもクリアに語っています。

ビジネスでよく使われる目標設定のためのフレームに「SMART（スマート）」と

呼ばれる設定方法があります。

S：Specific（具体的か？）
M：Measurable（測定可能か？）
A：Achievable（達成可能か？）
R：Result-Oriented（結果重視か？）
T：Time-Bound（期限付きか？）

目標が適切に設定されているかを判断するための5つの基準です。
石川選手の目標設定は、まさにこのSMARTにのっとって設定されています。

①「明確な目標」が、②「意識の強化」を生み、③「行動の変容」をうながします。逆もまた真なりで、①「行動の変容」が、②「意識の強化」を生み、③「明確な目標」につ

ながるのです（図11）。

「キャリアの方向性を見定める」効果には解像度を上げる効果もあります。

次ページの図12をご覧ください。

左上の写真では、ぼやっとしていて何が写っているかわかりません。しかし、写真の解像度を上げていくと、港に停泊するカーフェリーの写真であることがわかります。

キャリアの目標もこれと同じです。

自分の目標がはっきりすると、「やるべきこと・やらなくていいこと」がはっ

【図 11】シニアからは意識の変容が必要になる

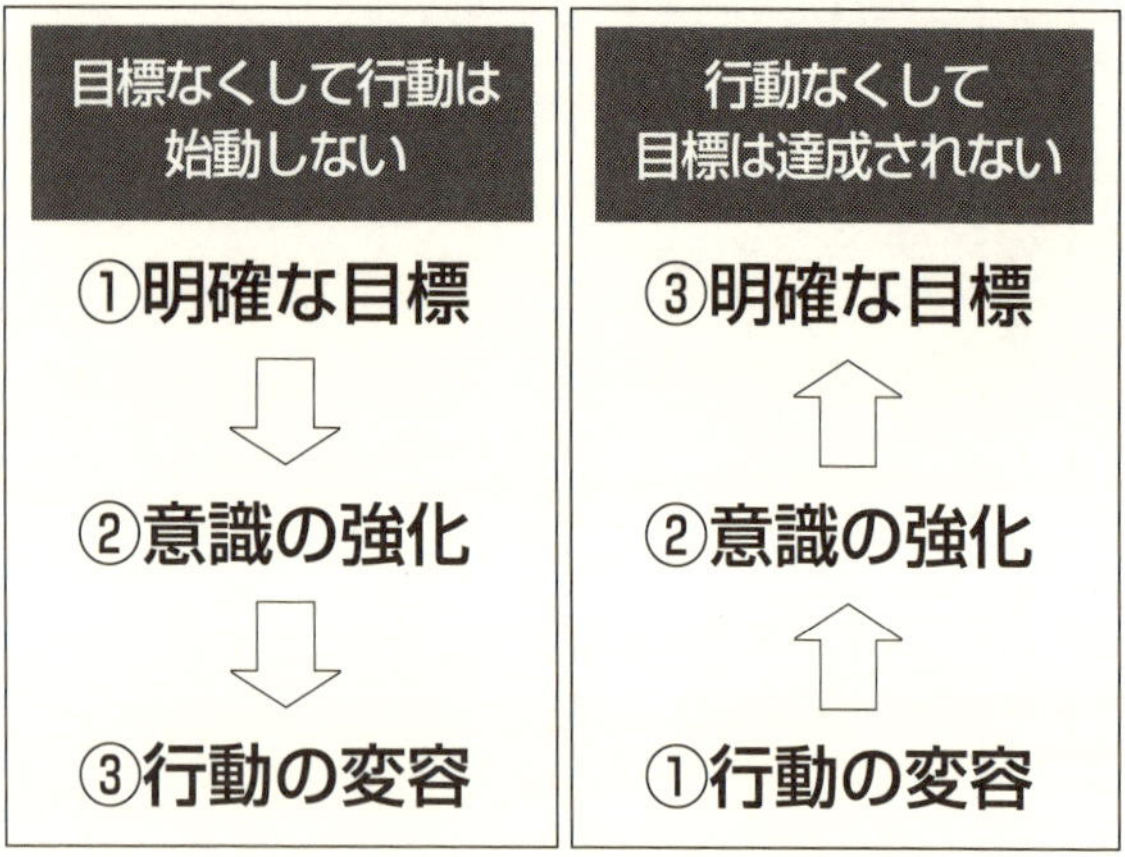

きり見えてきます。

情報アンテナの感度を上げる「カラーバス効果」

皆さんは「カラーバス効果」という言葉を聞いたことがありますか？

カラーバス効果とは、ある1つのことを意識することで、それに関する情報が無意識に自分の手元にたくさん集まるようになる現象のことをいいます。

カラーバスとは「color（色）」を「bath（浴びる）」、つまり色の認知に由来します

【図12】目標の解像度を上げる

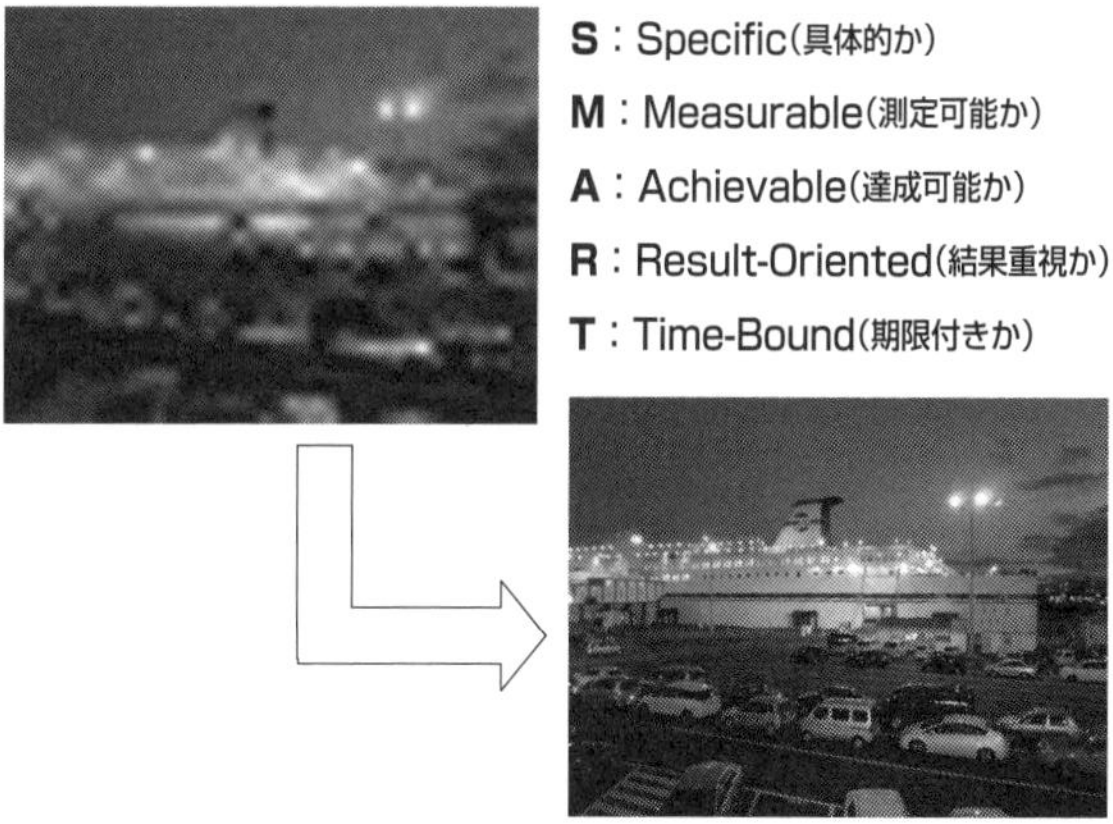
S：Specific（具体的か）
M：Measurable（測定可能か）
A：Achievable（達成可能か）
R：Result-Oriented（結果重視か）
T：Time-Bound（期限付きか）

が、色に限らず、言葉・イメージ・モノなど、意識するあらゆる事象に対して起きる現象です。

朝のテレビ番組で「あなたの今日のラッキーカラーは赤」と聞くと、その日1日中「赤」が目につく経験をされたという方も多いと思います。これがカラーバス効果です。

自分のキャリアの方向性を見定めると自然に関連情報が飛び込んで来たり、将来につながる人との出会いができてきます。

石川遼選手の文章のように、キャリアに関しても将来の目指すべき方向性が明確になっていればいるほど、その実現性は高まります。

将来の高い目標から眺める
～「虫の目」ではなく「鳥の目」でキャリアを見つめる

キャリアに関する目標設定にあたっては、60歳定年あるいは65歳定年再雇用終了までといった会社が設定した枠組みの中で考えてはいけません。その中でいくらキャリアを考えても生まれてくるのは、「不安」「あきらめ」「限界感」です。

そこで視点の転換が必要です。

会社という枠組みを飛び越えて「人生100年時代、80歳現役」を目指して、中長期のキャリアの成長戦略を考える必要があります。今いる地面から1度飛び上がって「虫の目」から「鳥の目」に視点を変える必要があるのです。

視点を変えることによって初めて「発想の広がり」「可能性」「生きがい」が生まれてきます。

株式会社ライフシフトのCEOであり、多摩大学大学院教授でもある徳岡晃一郎氏は、シニアからのキャリアにおいては「個人としてのキャリア成長戦略を持つことが重要」と指摘しています。

成長戦略とは企業戦略論の用語ですが、競争戦略が「今年の目標をどう達成するか」「現在の強みや価値をどう守るか」など、現在の社会・構造の中での戦い方を考えるのに対して、成長戦略は「現在のトレンドを引っ張らないで10年先を見据えた戦略」や「土俵を変えて、未来を創造する新しい世界を見据えたビジネスモデルイノベーション」を考えます。

サラリーマンの皆さんも目の前の昇給や昇格など短期のキャリア目標達成のために個人の競争戦略を立てることはあっても、ご自身のキャリアの中長期でのキャリア成長戦略を立てている方はほとんどいないと思います。

ぜひ、視点を変えてご自身の中長期成長戦略を立てることをおすすめします。

それでは個人としてのキャリアの中長期成長戦略とはなんでしょうか？

それがこれからご紹介するキャリアの羅針盤「キャリアデザインマップ」なのです。

これから必要なのは、会社ではなく、「自分の仕事」へのエンゲージメント

シニアがこれからのキャリアを考える際に必要なもう1つのポイントは、「仕事へのエンゲージメント」です。エンゲージメントというと、一般的には会社への忠誠心的な意味合いで使われることが多いですが、シニアになってからのエンゲージメントは、組織に対する単純なロイヤリティや帰属意識を高めることとは異なります。

シニア1人1人が「人生100年」という見地から、企業の掲げる戦略・目標を適切に理解し、**自発的に自分の力を仕事で発揮したいという「仕事へのエンゲージメント」意欲を持つことが重要です。**

企業に寄りかかるのではなく、人と組織の成長の方向性が連動している、つまりお互いに貢献し合えるような関係の構築が在職中のエンゲージメントとして重要になります。

次ページの図13をご覧ください。

【図13】人生100年時代にはキャリアの推進エンジンは3つになる

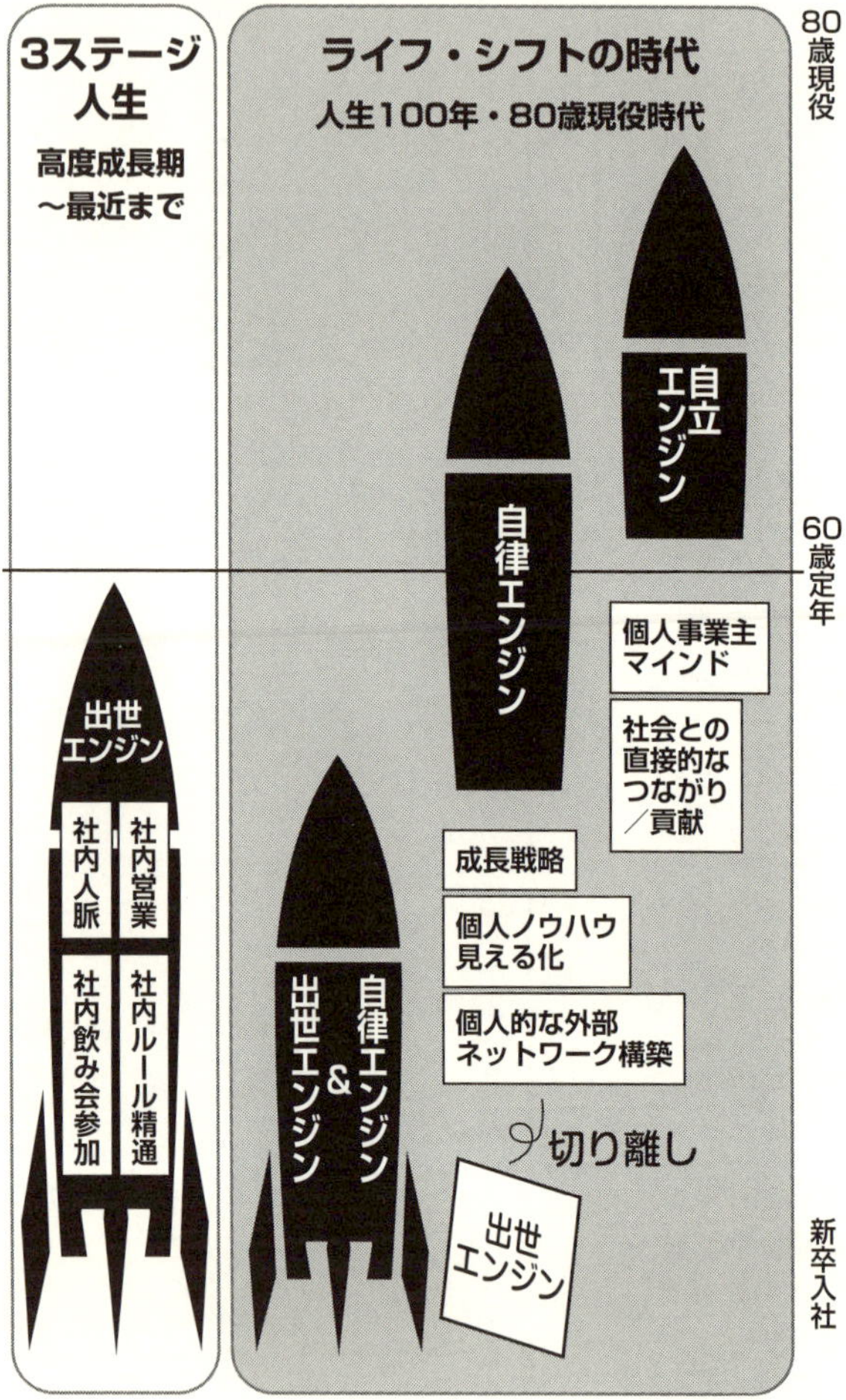

リンダ・グラッドン氏のいう3ステージ人生時代は、「出世エンジン」さえ吹かしておけば、60歳定年まで到達して年金支給が始まりました。その場合に重要な〝燃料〟は、「社内営業」であり、「社内人脈」「社内ルール精通」や「社内飲み会参加」でした。

しかしながら、「人生100年時代」は、「出世のエンジン」だけでは80歳現役まで到達しません。

若いうちは、「出世エンジン」と「自律エンジン」の両エンジンをハイブリッド的に吹かしていく必要がありますが、**シニアになってからは、「出世エンジン」は切り離して、「自律エンジン」でまずは60歳定年という成層圏まで達しなければなりません。**

その際に必要となる〝燃料〟は、「個人としての成長戦略」であり、「個人ノウハウの見える化」であり、「個人的な外部ネットワーク構築」です。

さらに、80歳現役まで到達するためには、「自立エンジン」を吹かしていかなければなりません。

その際に必要となるのは「個人事業主マインド」であり、「社会との直接的なつながり／貢献」です。

リンダ・グラッドン氏は『ライフ・シフト』の中で、人生100年時代にライフ・シフトを実現するために必要な要素として無形資産を挙げています。その中でも特に重要なのが「変身資産」です。

「人生100年時代を生きる私たちは、その過程で大きな変化を経験する。それに対応するために自分をよく知っている、助けてくれる人的ネットワークがある、また、新しい経験に挑戦する意欲があるといった要素が重要であり、自分自身で変化を制御することが求められる。変身できることとそれ自体が資産である」という考え方です。

仕事へのエンゲージメントを持ち、キャリアステージの変化に応じて推進エンジンをうまく切り替えながら、したたかにマルチステージの舞台を作っていくこと、これこそがシニアからのキャリアデザインです。

事例 CASE

「1つの職場」でキャリアを蓄積するのではなく、「職場」を変えることでキャリアを蓄積する戦略

「派遣」という働き方を通じて、給与計算のプロとして各社の給与ノウハウを蓄積している方の事例です。

Kさんは50代シニアの女性です。短大卒業後、一般事務職としてメーカーに入社して、人事課で給与計算を担当してきました。

育児もいち段落ついた40代から派遣社員として働きはじめました。

仕事はかつて担当していた給与業務です。真面目で確実な仕事ぶりは、派遣先からも高く評価され、何度も正社員への登用を打診されましたが、Kさんは給与業務以外の仕事やグループマネジメントを担当するよりも、給与業務のプロとして働くことを優先し

てきました。

会社によってやり方は違いますが、基本は変わりません。派遣先が変わるごとに各社のよいところと悪いところがわかります。

さまざまな派遣先でつちかったKさんの豊富な経験は、給与のプロがいない派遣先にとっては即戦力であり、間隔を空けることなく次の派遣先が決まっています。

解説 COMMENTARY

Kさんは、「会社へのエンゲージメント」ではなく「仕事へのエンゲージメント」を貫くことで、独自のキャリアを構築している事例です。

原理原則から給与計算のオペレーションを知るKさんは、どこの派遣先でも重宝されています。また、Kさんとしても、定期的に派遣先を変わることによって、さまざまな会社のノウハウを身につけることができ、個人としてのキャリアの付加価値を上げています。

最近では、Kさんが中心となって給与業務の標準化を進め、外部ベンダーへの移管を進める「給与業務移管サポーター」的な仕事も増えています。

給与業務を外部ベンダーへ依頼するケースが増えるにつれて、社内に給与専門家がいなくなっており、給与差し押さえの際の供託業務など、イレギュラー業務を任されるケースも多く、正社員ではないものの職場になくてはならない存在になっています。

調査事例

CASE

「熱意ある社員」6パーセントのみ　日本132位(米ギャラップ調査)

2017年にアメリカの調査会社ギャラップ社が世界各国の企業を対象に実施した従

業員のエンゲージメント調査があります。

この調査によると、日本は「熱意あふれる社員」の割合が6パーセントしかいないことがわかりました。アメリカの32パーセントに比べて大幅に低く、調査した139カ国中132位と最下位クラスでした。

企業内に諸問題を生む「周囲に不満をまき散らしている無気力な社員」の割合は24パーセント、「やる気のない社員」は70パーセントに達しています。

解説
COMMENTARY

かつて「会社人間」といわれた日本のサラリーマンの勤務先への帰属意識は徐々に薄れています。

特に、役職定年・定年再雇用といったモチベーションダウンのタイミングがあるシニア層の会社への帰属意識は落ちがちです。

こうした節目にこそ、働く意識を今までの「会社へのエンゲージメント」から「仕事へのエンゲージメント」にシフトしていく必要があります。

人生100年時代、企業内に諸問題を生む「周囲に不満をまき散らしている無気力な社員」や「やる気のない社員」になっているヒマはないのです。

定年後にイキイキ働くシニア全員に共通する「不遇な過去」

先ほど日本企業の社員の70パーセントが「やる気がない」というギャラップ社の調査結果の中で、シニアの場合は特に役職定年・定年再雇用のタイミングでやる気を落とすケースが多いことをご紹介しました。

なぜこの2回のタイミングでシニア社員は、モチベーションを下げてしまうのでしょうか？

それは、この2回のタイミングを会社人生におけるキャリアのゴールと考えてしまうからです。

「人生100年、80歳現役時代」、役職定年の55歳から25年、定年の60歳から20年間、会社を卒業してから先が長いのです。

私の周囲には、70歳は当たり前、80歳を超えても元気に活躍している人がたくさんいます。年齢にかかわらず、元気で働いているこうしたシニアの皆さん全員に共通していることがあります。

それは例外なく現役時代のある時期に、キャリアに大きな影響を与える人生のイベント（どちらかというと不遇なイベント）を経験していることです。

「キャリアの挫折」（思っていたポジションに昇格できなかった）だったり、「病気」「休職」「両親の介護」「リストラ」など、そのイベントは人それぞれです。

年齢に関係なくイキイキと働いている、こうしたシニアの皆さんにお話をうかがってみると、全員が不遇なイベントが起こったタイミングで立ち止まって、ご自身の将来のキャリアを冷静に見つめ直す機会を持ってきたことがわかります。

「災い転じて福となす」ではありませんが、ピンチのときこそ実はチャンスなのです。

課長→部長→役員と順調に出世することが、サラリーマンの現実的な夢の1つではありますが、そのレールに乗りつづけるためには、最後まで「出世エンジン」を吹かしつづけなければいけません。

サラリーマンとして「功成り名遂げて」役員になっても、毎年の株主総会で役員退任になれば、そこでおしまいです。

「出世エンジン」を最後まで吹かしつづけなければならなかったことにより、キャリアを振り返る機会を持てなかったことが人生100年時代にはかえってリスクになってきます。

ピンチはチャンスです。

ピンチを「人生100年、80歳現役時代」に向けた新たなスタートとしてマインドセットを切り替えて、次から始めるキャリアデザイン実践編に入っていきましょう。

自律的キャリアを実践するために必要な「三種の神器」の作り方

今50歳、60歳のサラリーマンは、（大学卒業の場合で）それぞれ28年間、38年間もの社会人経験を積んできています。

「自分のキャリアなんてどこにでもある平凡なもので全然売り物にならないよ」、日本のサラリーマンは謙虚で控えめが美徳ですので皆さんこう言いますが、とんでもありません。

シニア世代の皆さんは、終身雇用制というじっくり時間をかけた素晴らしい人材育成方法により、奥深いノウハウや知識を蓄積してきました。

また、新卒一括採用という同時スタートの入社同期や独身寮での先輩・後輩関係の中で、濃密な人的ネットワークも形成してきています。

オペレーションがどんどん外注化される現在に比べて、実務の現場で先輩から6ゲン主義（現場・現実・現物＋原理・原則・原点）で実務を叩き込まれてきたのも、今のシニア層世代です。

こうしたシニアの眠った資源を掘り起こして「見える化」するプロセスがキャリアの棚卸しです。

皆さんも決算時または在庫整理時に、その時点で在庫となっている一切の商品や原材料の種類・数・品質（保管状況）を調べ、その価格を査定する、いわゆる棚卸しをしたことがあると思います。

それを**今あなた自身に身についているスキル・知識・経験・資格・ノウハウ・マネジメント力など、保有するすべての自己資産に対して「キャリアの棚卸し」を行います。**

会社の棚卸しと異なるのは、目に見えない無形資産ですので定量化しづらく、そのため棚卸しにはコツがいります。

前著『働けるうちは働きたい人のためのキャリアの教科書』（朝日新聞出版、2017年）でも紹介させていただいた事例ですが、長年1つの会社で働いてきたシニアが特にアドバイスも受けずに職務経歴書を作成すると、次のようになりがちです。あっさりしたものです。

〈**本人申告では**〉

【職歴】

1984年4月～2019年3月

工場および本社事業所内の人事課にて給与計算・社会保険関係全般を担当

【役職】

シニアエキスパート

【資格】

自動車普通運転免許

〈**実際の経験は**〉

【職歴】

ある企業グループの給与計算シェアードサービス会社（グループ全体の給与を集中して担当する会社）で関連会社を含む3万人の給与計算を担当する部署を取り仕切る実務上の責任者。

給与計算、社会保険業務のプロとして税務署の税務調査の際には窓口としてすべて対応。税務調査の立ち合い経験も豊富。

長いキャリアの途中では給与計算システムの変更もあり、その対応プロジェクトリーダーとして新システム立ち上げを経験したこともある。

給与明細のペーパーレス化（Ｗｅｂ化）を推進。

年末繁忙期作業でどの会社も悩んでいる3万人分の年末調整を残業ゼロでこなすための仕組みを構築（標準化、他部署応援体制）。

給与業務のＢＰＯ化（ビジネス・プロセス・アウトソーシング＝外注化）の際には、外転業務の業務フローを作成、移転先の中国人オペレーターを指導。

【マネジメント経験】

担当部署は、正社員・契約社員・派遣社員・業務委託など、多様な就労形態の社員が勤務し、年齢層も60歳を超えたシニア社員から新卒まで混在する職場。こうした職場で30人の社員の労務管理を行い、社員との1対1面談から派遣会社・請負会社との契約更新管理・契約交渉・契約締結までこなしている。

【資格】

国家資格は所持していないが、社長賞、改善優秀賞、QCサークル優秀賞など多数の社内表彰を受けている。

日本の企業の中には、こうした豊富な実務経験を持つ優秀なシニア人材がたくさんいるのです。

しかしながら、入社してから1度も転職することなくキャリアを重ねてきたので、自分のキャリアを客観的に振り返ったことがありません。正確に言うと、今までは振り返る必要がなかったのです。

人生100年時代は、そのまま今の会社に勤めつづけるにせよ、転職、あるいは出向するにせよ、はたまた独立・起業するにせよ、今までつちかってきた自分のキャリアを棚卸しして、自分の商品としてきちんと「見える化」しておく必要があります。

今までの「暗黙知」の経験・スキルを目に見える「形式知」にすることで初めてシニアのキャリアは輝いてきます。

社会人になってから何十年間の経験・スキルが商品化できれば、シニアのキャリアデザインは半分成功したのも同然です。

【ツールその1】「家族キャリアマップ」を作成する

これから自律的キャリア実践のためにキャリア棚卸しをするために必要な3つのツー

ルを使って、今までつちかってきたご自身のキャリア資産を「見える化」していきます。3つのツールとは、「家族キャリアマップ」「ライフカーブ」「キャリア棚卸しシート」です（図14）。

まずは、【ツールその1】「家族キャリアマップ」から始めます。

「家族キャリアマップ」とは、家族全員の時間軸と家族イベントが入った年表です。

キャリアというと、どうしても自分のキャリアイベントだけを考えがちですが、奥さま、お子さんもそれぞれ自分のキャリアプランを持っています。それゆえに、家族全員のライフプランを考慮に入れたうえであなたのキャリアプランを作成する必要があるのです。

私の経験上も家族を巻き込まないミドル・シニアからのキャリアチェンジは失敗する可能性が高いです。

【図14】キャリアの棚卸しのための3つのツール

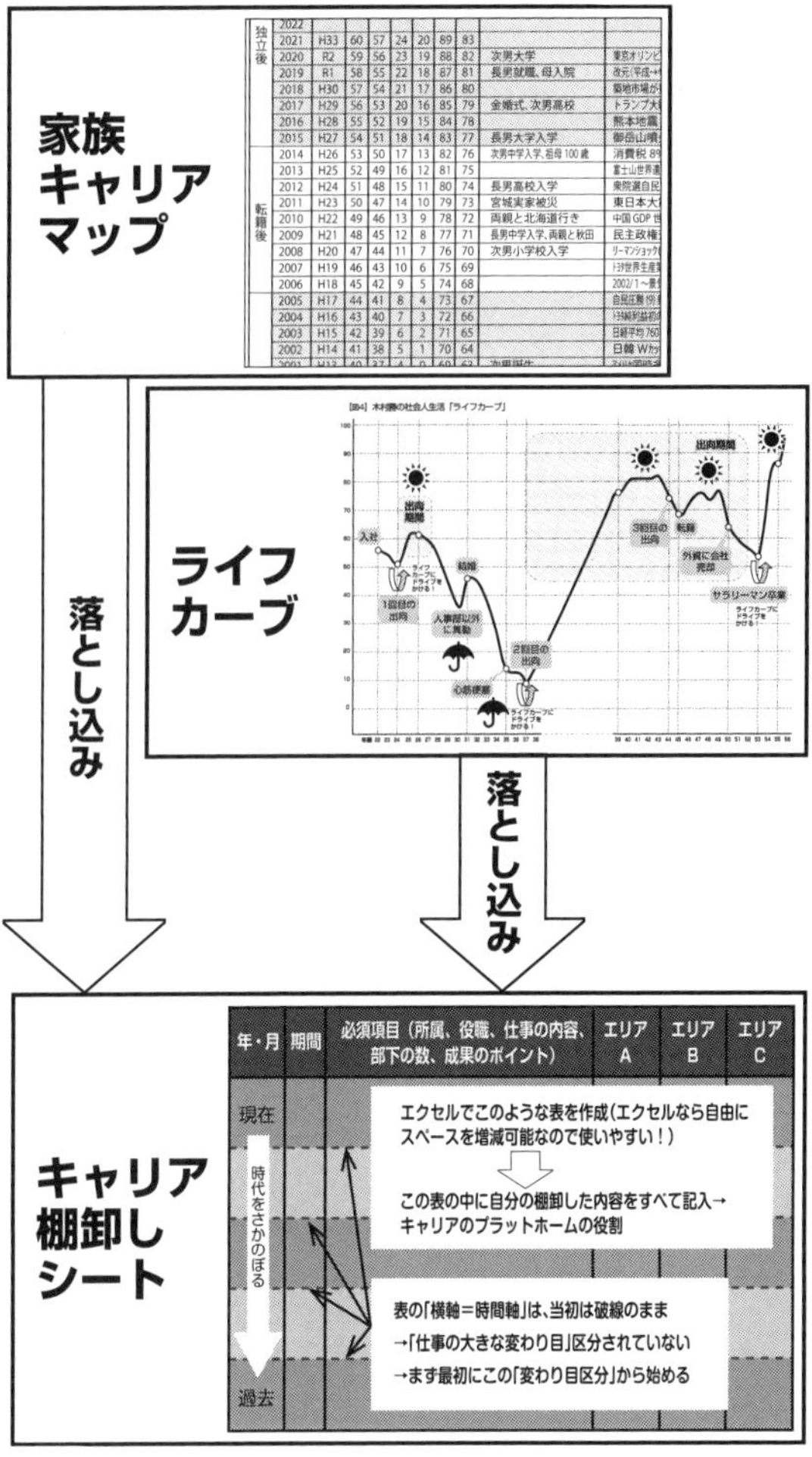

事例 CASE

好条件の出向案件を奥さんの猛反対により辞退し、失意のうちに退職

Lさんは、営業部門で管理職を務めていましたが、55歳で役職定年になり、社外に転進先を見つけなければならないことは、先輩管理職のキャリアを見て十分認識していました。55歳で予定通り役職定年となり、外部への出向先を探していましたが、間もなく規模は小さいものの年収が下がることのない好条件の提案を受けました。

当人も乗り気で条件、ポストも先方と調整がほぼ決まった段階で、奥さんに中小企業に1年後に転籍する条件で出向することを話したところ、「そんな名前の会社聞いたこともない、周りの仲間はまだ会社にいるのになぜあなたが外に出なくてはならないのか」と猛反対を受け、結局、出向辞退の申し出をすることになりました。

ポストを空けて待っていた先方会社の組織構想に影響を与えるだけでなく、すでに社内では後任者も決まっていたため、Lさんの社内でのポストもなくなりました。

その後、同様の条件の案件が出てくることは二度となく、結局、退職勧奨を受けて、退職せざるを得なくなりました。

解説 COMMENTARY

家族（奥さん）に事前に相談せずに、独断で出向を決めたために悲劇になった事例です。ご本人は家族に心配をかけまいという気持ちから1人でキャリアチェンジを決めましたが、家族もそれぞれキャリアプランを持っています。

出向受け入れのプロセスを共有できていないため、奥さんにとっては寝耳に水、前記のような反応になりました。本人はよかれと思って単独で決めたことがあだになったケースです。

シニアになってからの家族内トラブルは、「熟年離婚」というリスクにつながりかねないので要注意です。

時間軸に入れ込む人物は、必ずしも家族に限定する必要はありません。尊敬するメンター、ロールモデルなど、ほかの人のキャリアを自分と同じ時間軸に入れてみるのも効果的です。

「ずいぶん年上で雲の上の人のように感じたけれど、今の自分よりも先輩は若かったのか」「先輩は自分と同じ年齢のときにすでに○○にチャレンジしていたんだ！」など、今後自分が行動すべき事項がよりリアルに感じられるようになります。

また、両親を同じ時間軸に入れてみると、「両親を連れて遠くまで旅行に行く時間的な余裕もあまりないな」など、会社生活以外で今のうちにやっておくべきことが見えてきます。

家族キャリアマップを作成することで、次のような効果も見込めます

①家族のイベントを入れ込むことによって独りよがりでない現実的なキャリアプランが出来上がります
②作成の過程で家族とともに過去の振り返り、将来プランの共有化ができます
③改めて「同じ船に乗る仲間」という意識が湧き上がり、責任を持ったキャリアプランを推進しようというモチベーションにつながります
④両親あるいはメンター・ロールモデルなど、実在者の時間軸がリアルに感じられ、今やるべきことが臨場感を持って感じられるようになります。それが行動の大きなモチベーションにつながります

「家族キャリアマップ」には、もう1つの情報を入れ込みます。あなたがすごしてきた時代の「社会の出来事」です。

「家族キャリアマップ」にその当時の出来事・ニュース・ヒットソングなど「時代の風」を感じさせる情報を入れ込むことによって、世の中の動きとは関係なく動いてきたように思っていた自分のキャリアが、実はその時代の流れ、日本と世界の政治経済動向などの大きな流れと連動していることがわかります。

また、「時代の風」の情報を入れることによって、その当時の自分の気持ちや感情などメンタル的な部分が臨場感とともによみがえってきます。

特に、当時流行った音楽情報を入れることで、その当時の心のざわめきや風景、匂いまで再現されることもあります。

また、「家族キャリアマップ」の一番右端の欄には、その時期の「人生充実度」を0〜100の数字で数値化しておくと、次の「ライフカーブ」を作成するときに役立ちます。

平均的な時期を真ん中の50として、充実していた時期には50以上の数字を、逆にうまくいかなかった時期には50〜0の数字を入れておきます。

ポイントは、自分が行動を起こした結果としての「充実度」で数字を入れておくことです。自分がかかわっていないことは、ここでの数値には反映させません。

キャリアというと、いきなり職務経歴書を書きはじめるケースが多いと思いますが、その場合、それまで個人の歩んできた歴史を踏まえずに、仕事面だけを表面的に抽出して書き出すため、極めて表面的で内容の薄いものになりがちです。

「家族キャリアマップ」には、自分や家族の座標軸が入りますし、仕事を行っていた時代の時代背景まで織り込まれています。仕事以外の面も含めて、大きく自分の人生を眺めるのが、「家族キャリアマップ」です。

ご参考までに私のサラリーマン時代の実際の「家族キャリアマップ」を公開します。ご記入の際にご参照ください（次ページ図15）。

		仕事（自分のキャリア振返り）	人生充実度
		2 冊目本出版 (10)	95
		首都大で講義	95
		本出版 (5)	90
		セミナー講師開始	85
		ﾋﾞｭｰﾃｨﾌﾙｴｰｼﾞﾝｸﾞ協会事務局	80
		サラリーマン卒業、独立	55
		中国出張	55
	東京ｽｶｲﾂﾘｰ		60
	ｷﾞﾘｼｬ経済危機	外資に会社売却	65
	JAL 会社更生法		80
	ｵﾊﾞﾏ就任 (1),GM 破綻 (6)	横浜本社移転	80
	北京ｵﾘﾝﾋﾟｯｸ(8)		75
	社保庁年金記録問題		75
	ﾗｲﾌﾞﾄﾞｱｼｮｯｸ(1)	日産転籍	70
	日本総人口初減少 (1 億 2776 万)	**3 回目出向**	75
	福沢諭吉新札		80
	ｲﾗｸ戦争 (3)	大門へ勤務地変更	80
	住基台帳ﾈｯﾄ稼働 (8)	自工会と統合（大手町へ）	80
	省庁再編 (1)		80
	介護保険ｽﾀｰﾄ(4)		80
	NTTﾄﾞｺﾓiﾓｰﾄﾞｻｰﾋﾞｽ開始 (2)	**2 回目出向**	75
	長野冬季五輪 (2)		10
	消費税 5%(4)		10
	資金量世界 1 東京三菱銀行誕生 (4)	（多忙な時期）	15
	阪神大震災 (1)		20
	英仏海峡「ﾕｰﾛﾄﾝﾈﾙ」(5)	静岡に転勤	30
	冷害米緊急輸入 (10)		40
	東海道「のぞみ」登場 (3)		50
	普賢岳火砕流 (6)	人事部外に異動	40
	大学ｾﾝﾀｰ試験開始 (1)		30
	中国天安門事件 (6)		50
	東京ﾄﾞｰﾑ(3)、青函 (3) 開通	本社栄転	50
	土地の異常高騰 (銀座 1 億円以上)		60
	財ﾃｸﾌﾞｰﾑ広がる	**1 回目出向**	60
	日航機墜落事故 (8)		50
	新 1 万 /5 千 / 千円札 (11)	会社入社	55
	東海道新幹線 (10)		

※エクセルのシートをダウンロードできます（本書最終ページ参照）。

【図15】筆者の家族キャリアマップ

	西暦	元号	家族の情報							時代の風
			自	妻	長	次	父	母	家族イベント	
	途中略（90歳までの軸は設定済）									
独立後	2021	H33	60	57	24	20	89	83		
	2020	R2	59	56	23	19	88	82	次男大学	東京オリンピック(7)
	2019	R1	58	55	22	18	87	81	長男就職、母入院	改元(平成→令和)(5)
	2018	H30	57	54	21	17	86	80		築地市場が豊洲移転
	2017	H29	56	53	20	16	85	79	金婚式、次男高校	トランプ大統領就任
	2016	H28	55	52	19	15	84	78		熊本地震
	2015	H27	54	51	18	14	83	77	長男大学入学	御岳山噴火
転籍後	2014	H26	53	50	17	13	82	76	次男中学入学、祖母100歳	消費税8%(4)
	2013	H25	52	49	16	12	81	75		富士山世界遺産登録(6)
	2012	H24	51	48	15	11	80	74	長男高校入学	衆院選自民圧勝(12)
	2011	H23	50	47	14	10	79	73	宮城実家被災	東日本大震災(3)
	2010	H22	49	46	13	9	78	72	両親と北海道行き	中国GDP世界第2位
	2009	H21	48	45	12	8	77	71	長男中学入学、両親と秋田	民主政権交代(8)
	2008	H20	47	44	11	7	76	70	次男小学校入学	ﾘｰﾏﾝｼｮｯｸ(9)
	2007	H19	46	43	10	6	75	69		ﾄﾖﾀ世界生産第1位(12)
	2006	H18	45	42	9	5	74	68		2002/1～景気拡大いざな
元会社在籍期間	2005	H17	44	41	8	4	73	67		自民圧勝(9)郵政民営化法
	2004	H16	43	40	7	3	72	66		ﾄﾖﾀ純利益初の1兆円超(4
	2003	H15	42	39	6	2	71	65		日経平均7607(20年前水
	2002	H14	41	38	5	1	70	64		日韓Wｶｯﾌﾟ(5)
	2001	H13	40	37	4	0	69	63	次男誕生	ｱﾒﾘｶ同時多発ﾃﾛ(9)
	2000	H12	39	36	3		68	62		企業倒産過去最悪(負債2
	1999	H11	38	35	2		67	61		EC統一通貨ﾕｰﾛ誕生(1)
	1998	H10	37	34	1		66	60	母還暦、両親初飛行機	金融ﾋﾞｯｸﾞﾊﾞﾝｽﾀｰﾄ(4)
	1997	H9	36	33	0		65	59	長男誕生	山一証券他金融破綻
	1996	H8	35	32			64	58	心筋梗塞	住宅金融債権管理機構発足
	1995	H7	34	31			63	57		地下鉄ｻﾘﾝ事件(3)
	1994	H6	33	30			62	56	静岡転勤	関空開港(9)
	1993	H5	32	29			61	55	妻退社	ｻｯｶｰJﾘｰｸﾞ開幕(5)
	1992	H4	31	28			60	54	結婚、父還暦	東海道「のぞみ」登場(3)
	1991	H3	30	27			59	53		ﾊﾞﾌﾞﾙ景気(谷1986.11～
	1990	H2	29	26			58	52		東西ﾄﾞｲﾂ統一(10)
	1989	H1	28	25			57	51		中国天安門事件(6)
	1988	S63	27	24			56	50		東京ﾄﾞｰﾑ(3)、青函(3)開通
	1987	S62	26	23			55	49		NYﾌﾞﾗｯｸﾏﾝﾃﾞｰ株暴落(10)
	1986	S61	25	22			54	48		男女雇用機会均等法施行(
	1985	S60	24	21			53	47		日航機墜落事故(8)
	1984	S59	23	20			52	46		第二電電(DDI)設立(6)
	1964	S39	3	0			32	26		東京ｵﾘﾝﾋﾟｯｸ(10)
	学生時代略									

事例 CASE

「家族」という仕事探しの軸をブレさせることなく地元で働きつづける事例

Mさん（50代女性）は、短大卒業後、金融機関に勤めたことから経理のキャリアをスタート。出産とともに退職し、子育てに専念する生活に入ります。

子育てもひと区切りつき、再び働きはじめますが、その際のMさんの仕事を探す軸は「家族との時間を確保する」ための次の3つです。

①家に近いこと（歩いて通える距離）
②子どもが学校から帰る時間に家にいられること
③長期休暇が取れたり、出勤日に融通が利くこと

Mさんのキャリアチェンジのユニークな点は、「徹底して家の近くの会社を調べて」仕事を探すことです。ご近所の会社であれば場所はもちろん把握できますし、なんとなく会社の雰囲気や規模感も見えてきます。

こうした足で稼ぐやり方で会社を見つけ、その会社のホームページを見て求人募集があれば早速応募します。

現在は自宅と同じマンションの1階に入居してきた会社に応募し、採用され、働いているとのこと。仕事中に雨が降ったら洗濯物を取り込みに帰宅したり、宅急便の受け取りも可能です。

解説 COMMENTARY

キャリアの軸を「家族との時間確保」に定めて、仕事を選択している事例です。

２０１６年に安田不動産が実施した「通勤時間が45分以上かかる20～30代女性に対し

て、通勤のストレスから解放されるなら、いくら支払えるか」を答えてもらったアンケートがあります。

結果は1回の通勤で片道あたり平均「1782円」。これをさらに年間の平均労働日数である256日に当てはめると、年間約91万円にもなります。

Mさんの場合、キャリアの軸を家族に置くことによって、約91万円相当のストレスを減らしているともいえるかもしれません。

【ツールその2】「ライフカーブ」で見えてくるあなたの「キャリアの風水」

「ライフカーブ（ライフライン）」をご存じでしょうか？

横軸に時間を取り、縦軸の真ん中を平均として主観的な満足度を1本のラインで表したグラフです。

描き方は、非常に簡単です。これまでの人生の流れを1本の曲線で表現します。「うれしかったこと」や「楽しかったこと」「やる気が高まったとき」の気持ちを半分より上の領域に描きます。

すべての記録を記入するのではなく「代表的な出来事」について記入すればOKです。カーブはあくまでも主観的な充実度ですので、それほど厳密に考える必要はありません。先ほど書いた「家族キャリアマップ」の右欄「人生充実度」の数字を参考にしながら描いていきます。

72ページに私のライフカーブを掲載しているのでご参照ください。

私の場合、充実度が高いところは社外のいろいろな方々と接触して仕事をしていた出向時代になります。逆に充実度が低かったのが、企業内で同じメンバーと固定的に仕事をしていた時代でした。

ライフカーブをしみじみと眺めていると、会社内で決まったメンバーと固定的に仕事をするよりも、社外の方々と新たな出会いを繰り返しながら仕事をするほうが自分には向いていることがわかります。

また、ライフカーブを見るときには、高い部分と低い部分を見ることがもちろん大事ですが、充実度の低い状態から反転して上昇に向かったターニングポイント（あるいは高い状態から低い状態に反転したポイント）がより重要です。

「ライフカーブが谷から山に反転したきっかけ・行動はなんだったのか？」
「何か成功体験がそこであったのか？」
「他者からの支援があったのか？」
「目標とするようなロールモデルが存在したのか？」

このように、**自分の充実度（自信）の源泉がどこにあるのかを事前に知っておくことで、環境変化への対応力を高めることができます。**

また、逆にライフカーブが山から谷に反転したときのきっかけ・行動がわかっていれば、「これはまずいぞ」と自然とセンサーが働き、事前にそうならないように予防することもできます。

私の場合には、出向や独立など大きなキャリアチェンジを果たしたタイミングで充実度が高いほうに反転しています。

また、充実していた時期に関しては、人事・経理などといったそのときに従事していた職種に注目するだけでなく、「なぜそのときに充実していたのか」という充実を感じる「要素」についても目を向けることがポイントです。

私は週1回、電気通信大学でキャリアに関する特任講師として授業を行っていますが、ゲーム好きな学生がたくさんいます。

ひと口に「ゲーム好き」といっても、興味の範囲は人それぞれ異なります。

ゲームを考えることが好きな学生もいれば、ゲームをすることが好きな学生もいます。

これを仕事で考えると、ゲーム1つとってもそれにかかわる仕事は極めて多いということに気がつきます。

ゲームを作るという機能に関しては、ゲームクリエイターやディレクター、プロデューサーといった仕事になりますし、ゲームを見せるという機能でいうと、デザイナー（キャラクターデザイン）やアニメーターがその役割を担います。ゲームを売るという機能でみれば、営業・マーケティング・広報が関係してきます。

第3章でポータブルスキルについて解説しましたが、人事・経理・営業といった職種や自動車業界やゲーム業界といった枠組みの中だけで考えるだけでなく、機能や役割といった観点でもライフカーブを読み込んでみることが必要です。

私の場合は、人事という職種を長年担当してきたので、この仕事は決して嫌いではありませんが、ライフカーブを見ていると、人事という仕事を通じて「多くの人と対面で話をし、新たな出会いがある」ことに充実感を覚えることに気がつきました。

また、私のライフカーブを見て気づくことは、会社の昇格や昇給が充実度に連動していないことです。自分ではそれなりに会社の出世などを気にしていたつもりですが、本質的なところでは、あまり出世にモチベートされない性格なのかもしれません。やはり勤め人向きではなかったのです。

このように「家族キャリアマップ」を眺めながらライフカーブを描いてみると、自分では意識していない意外な顔が見えてきます。

次は、具体的に浮かんできた「目指すべき方向性」をさらに具体的な文章にしてみます。私の場合には次のような内容になりました。

「1カ所に所属して固定的に働くのではなく、自分の今までつちかってきた専門性をベースに複数の相手とパラレルに仕事をしていく」

これは私がインディペンデント・コントラクター（独立業務請負人）として働いているまさに今の姿です。

こうして作成した「キャリアの方向性」と「棚卸しをしてわかった現在の自分の資産」のギャップが、これからキャリアデザインマップの中で計画的に埋めていく具体的な内容になります。

私が担当するセミナーでは、受講者の皆さんにライフカーブを描いてもらうことが多いのですが、ある管理職の方のコメントが印象的でした。

「ライフカーブを描いてみたら、会社の人事異動で大きくマインドが変わっていることに気がついた。今管理職となって部下に何も考えずに異動命令を発しているが、当人にとっては人生の大きなイベントであることを忘れていた。これからは異動命令を伝える際には本人に期待すること、異動の目的・背景など丁寧に説明したい」とのことでした。

ライフカーブは、自分のキャリアに影響を与える要因をあぶり出すだけでなく、自分の今の行動に対するフィードバックのツールにもなるのです。

「ライフカーブ」は、ポピュラーで単純なツールですが、「家族キャリアマップ」と連動させると非常に効果的なのです。

【ツールその3】「キャリア棚卸しシート」の作り方

「キャリアの棚卸し」を行う際には、まず資料を手元に集めることがポイントです。使用する資料は、先行して作成した「家族キャリアマップ」と「ライフカーブ」。そのほかの資料として、①人事記録（社員プロフィール）、②辞令、③受賞した「表彰状」、④各種免許証、⑤社用手帳（最近あまり見かけませんが、昔はよく使っていました）・日記帳など、⑥過去のアルバムなど、キャリアに関する情報すべてです。

手元に資料がない状態で始めると「あれはいつだっけ？」「所属した部署名はなんだっけ」とその都度手戻りが発生して、棚卸しする意欲が減衰します。

「仕事の大きな区分設定」には、キャリアの「家族キャリアマップ」の「仕事」の部分がそのまま活用できます。

「家族キャリアマップ」には、大まかな仕事の履歴がすでに記入されているので、それを参考にすればＯＫです。
キャリアを棚卸しする表は、エクセルで作成するのがおすすめです。エクセルであれば行・列の挿入も、幅の変更も自由自在です。まずは図16のような入れ物を作成します。

棚卸しシートの作成手順は次の通りです。

1　棚卸しシートをエクセルで作成

①「家族キャリアマップ」「ライフカーブ」を参照しながら、仕事の大きな

【図16】キャリア棚卸しシート

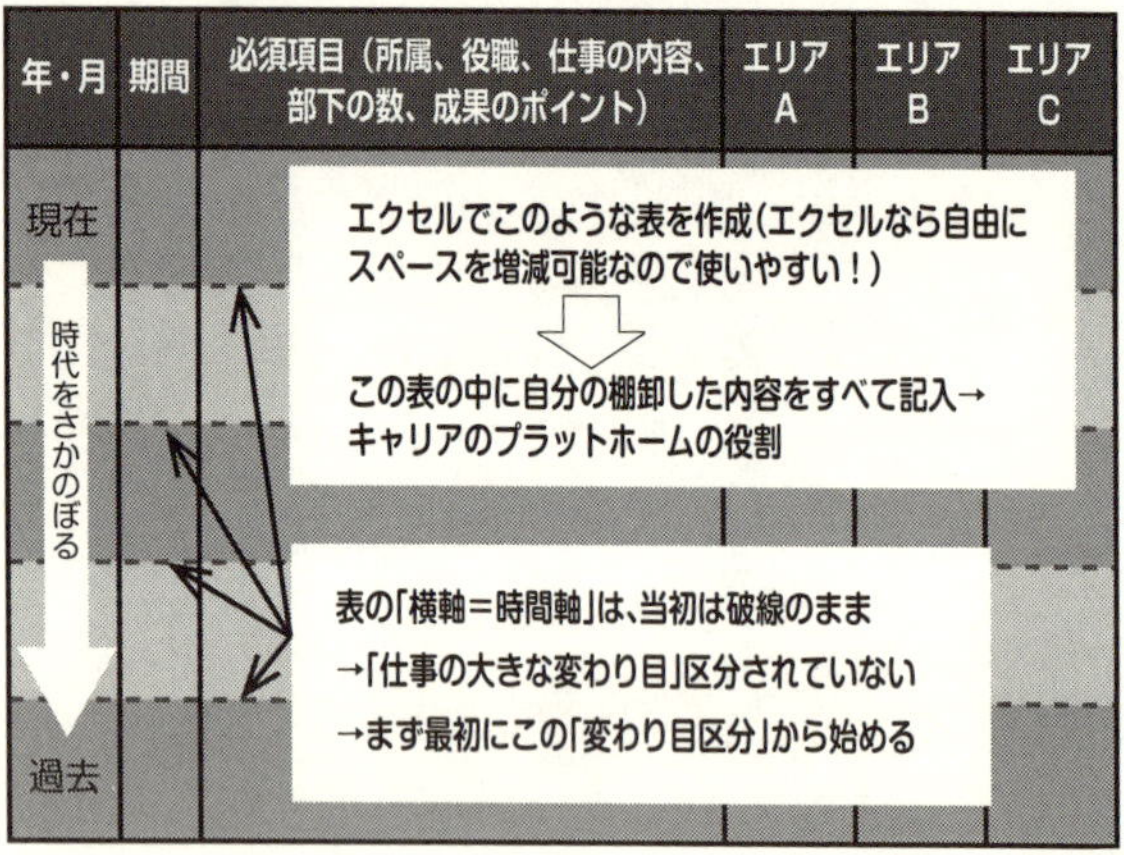

※エクセルのシートをダウンロードできます（本書最終ページ参照）。

変わり目を確認していきます。

②変わり目ごとにキャリア区分を設定します。

③キャリア区分ごとに年月、在籍年月数を記入します。

④キャリア区分ごとにMUST項目である「所属・役職・仕事の内容・部下の数（部下がいる場合）・仕事の成果のポイント」を記入します。

⑤MUST項目以外の棚卸しアイテムを記入するエリアを設定します（アイテムは自分で設定してOK）。

〈記入例〉

エリアA

・仕事の専門分野に関する経験

・発揮した専門性とその成果

・身につけた専門スキル・知識・ノウハウ

エリアB
・取得資格・表彰受賞歴・社内外活動（サークル・趣味・自己啓発など）
エリアC
・当時苦労したこと
・仕事で楽しかったこと、充実していたこと（作成済みの「ライフカーブ」を参照して記入）

2　棚卸しの実施のポイント

①今までのキャリア（仕事）の歴史を逆時系列（現在から過去へ）で整理します。特に重要な期間は、最近10～15年間。この期間は特に重点を入れて棚卸しを行います。
②そのときどきの具体的なタスクと成果・業績を可能な限り数字で表現します。
③棚卸しする項目は、仕事に限らず、まずは幅広く考えます。

・身についた「スキル・資格・ノウハウ・経験」
・仕事を通じての諸活動・受賞・発表・報告など

3　棚卸しのヒント・コツ

①棚卸しシートの各エリアに「よい悪い」の評価は一切せずに思い出したまま、ひたすら追記していきます。
②棚卸しにあたっては、「家族キャリアマップ」「ライフカーブ」を眺めながら、また昔の写真なども活用しながら、自分の財産を洗い出す気持ちで楽しみながらじっくり時間をかけて行いましょう。
③特に数字で表せるものは、この際に徹底的に数値化してみることをおすすめします。過去に携わったプロジェクトの規模、売り上げなどの数字は在職中しか確認できないので要注意です。やるなら「今」です。
④集めた資料（辞令・表彰状・資格認定証などの「キャリアアーカイブ資料」）は、厚め

のクリアファイルに集約していつでも参照できるようにしておくと、のちのち検索が楽になります。

自分のキャリアに関する情報は、すべてこの棚卸しシートの中に入っています。あなた独自のキャリアのデータベースを構築していくイメージです。

このデータベース（プラットフォーム）から情報を引き出して、履歴書や職務経歴書に落とし込んだり、将来、独立・起業を考える際には、事務所パンフレットの材料として活用するイメージです（図17）。

以上で、自律的キャリアデザインの第1段階終了です。

キャリアの棚卸しにより、あなたの無形資産が「見える化」されました。あとは、その資産をどう活かしていくかについてキャリアデザインマップを使って考えていきます。

【図17】棚卸しシートから履歴書・職務経歴書、
あるいは事務所のパンフレットなどに落し込む

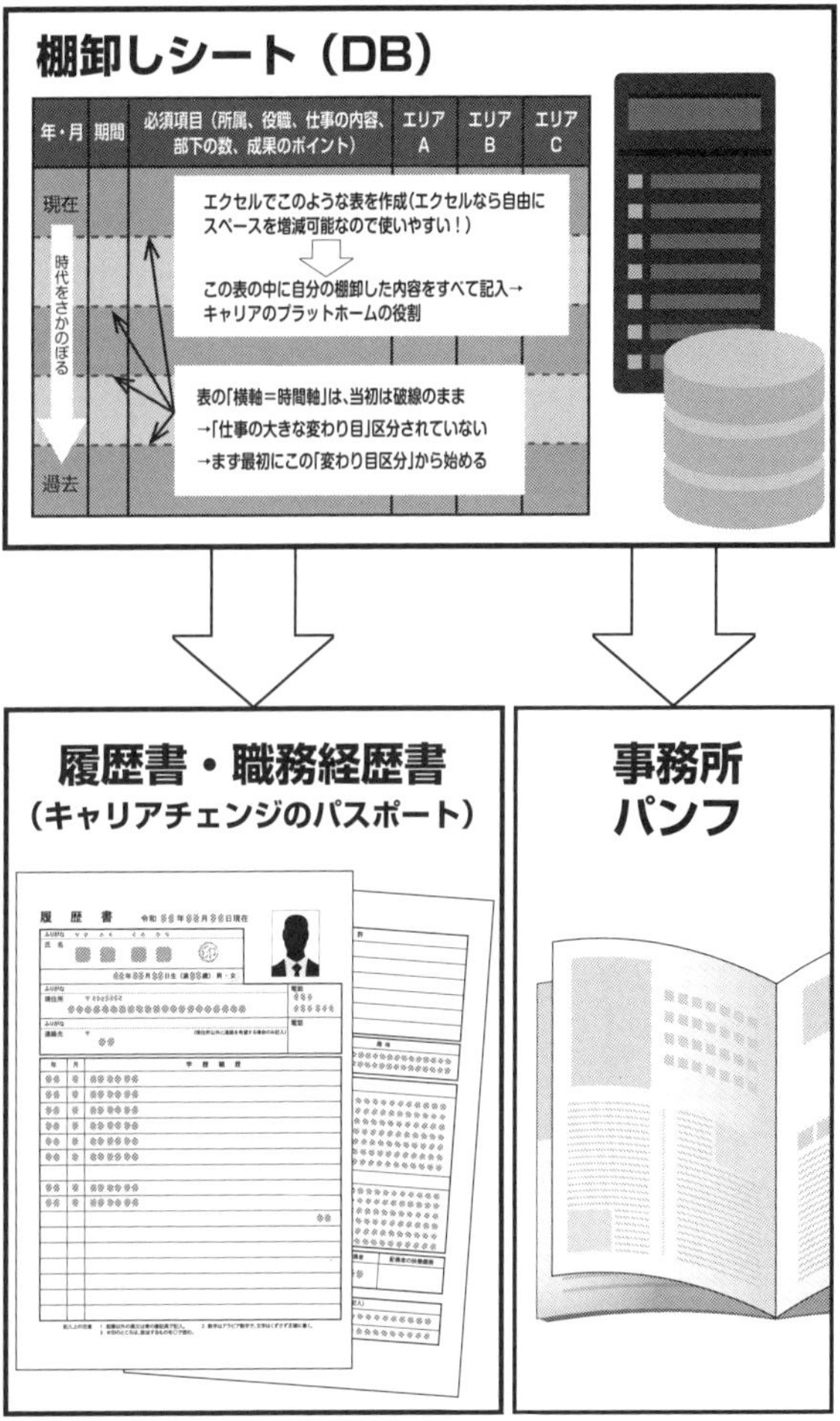

将来の羅針盤「キャリアデザインマップ」を作成しよう

第1ステップとしてキャリア棚卸しの3種の神器「家族キャリアマップ」「ライフカーブ」「キャリア棚卸しシート」ができました。

これからは、第2ステップとしてご自身の将来のキャリアを見通すための羅針盤「キャリアデザインマップ」の作成に入ります。

人生100年時代、従来のキャリア戦略は通用しなくなりつつあることは、今まで説明してきた通りです。そこで必要なのは、自らの将来のキャリアの方向性を示した羅針盤「キャリアデザインマップ」です。

会社の事業計画を考える方は多いですが、ご自身の個人事業計画を考えている人は極めて少ないと思います。

この本を手にした皆さんは、これから説明する内容を踏まえて「個人事業計画」＝「キャリアの羅針盤」＝「キャリアデザインマップ」を作成し、新たなキャリアの海へ船を漕ぎ出してください。

キャリアデザインマップは、次ページのフォーマット（図18）で作成します。

シートの左側は「自己理解エリア」です。

今まで作成した「キャリア棚卸しシート」「ライフカーブ」などを使って、ご自身の強み・弱み、今までつちかってきたキャリアを書いていきます。

シート上部は、「社会・家族エリア」です。こちらも「家族キャリアマップ」などを使って書いていきます。

シート左上がキャリアデザインマップの肝となる「キャリアビジョン」です。これから、ここに書かれたビジョン実現に向かってキャリアの航海に出航します。

真ん中部分は、キャリアビジョンを達成するための実行計画です。マイルストーンにしたがってステップを踏んでキャリアビジョンの達成に向かって行動していきます。

次からは、キャリアデザインマップの肝となる「キャリアビジョン」を作っていくために必要な考え方、ツールなどの解説をしていきます。

社会・家族を知る	【周囲からの期待・役割】	【家族】
		【社会】

<キャリアプラン>

( )年後の「肩書」	←「肩書ワークシート」「家族キャリアマップ」 (年 月)
【自分はどうなっているか】（達成している状態）	【そのために取り組むこと】（具体的行動）
( )年後の「肩書」	←「肩書ワークシート」「家族キャリアマップ」 (年 月)
【自分はどうなっているか】（達成している状態）	【そのために取り組むこと】（具体的行動）
1年後の「肩書」	←「肩書ワークシート」「家族キャリアマップ」 (年 月)
【自分はどうなっているか】（達成している状態）	【そのために取り組むこと】（具体的行動）

※「肩書」は会社の肩書に限らず、どのようなキャッチフレーズで紹介されたいかをイメージして書く

【図18】キャリアデザインマップ

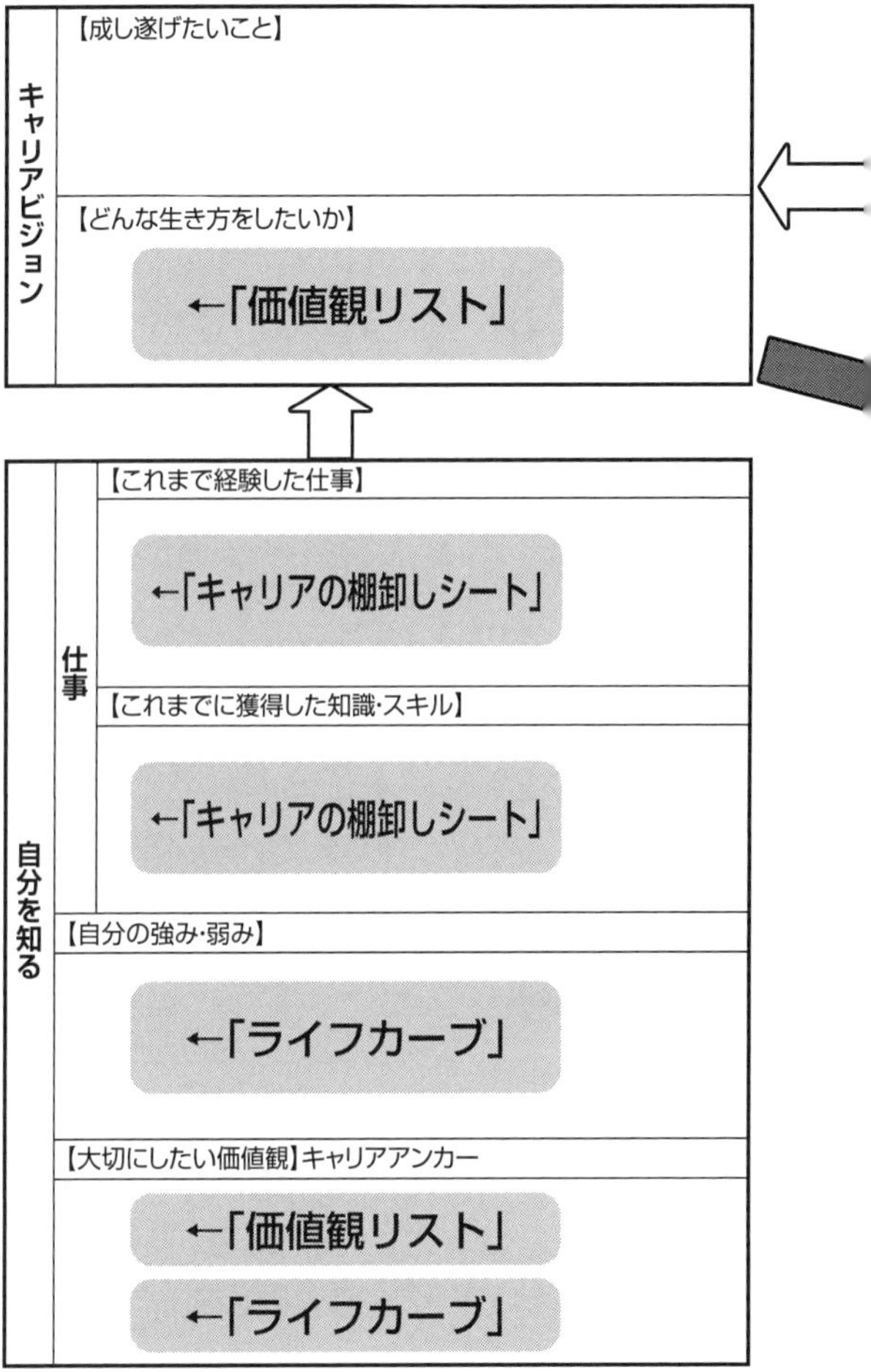

※エクセルのシートをダウンロードできます（本書最終ページ参照）。

社会・家族を知る	【周囲からの期待・役割】 ・自ら「働けるうちは働ける」ワークスタイルを実践し、これからのシニアの働き方のモデルとなる ・人事とキャリア開発の経験を活かし、独立人事業務請負中高年キャリア支援を職業として成立させ、生計を成り立たせる	【家族】 ・子ども2人もまだ大学入学前であり、大学卒業までは教育費を負担しつつ家計を維持できる程度の収入を確保する必要がある ・いつでも両親の介護に対応できるようにフレキシビリティのある仕事につく必要がある。そのためには、今からの海外勤務は希望せず、日本国内での勤務を継続する 【社会】 ・人生100年時代、年金不足も懸念される中、働けるうちは働くことが要請されているが、その実現方法に関しては具体的な解決策が提示されていない ・企業でボリュームゾーンとなっているバブル世代、団塊ジュニア世代問題など社会問題になりつつあり、少子高齢社会における女性・シニア層の活性化は社会的急務

＜キャリアプラン＞

(5)年後の「肩書」	人事・中高年キャリアに関する独立人事業務請負人 (2025年9月)
【自分はどうなっているか】 (達成している状態) ・独立の準備が完了し、12月の定年退職時には再雇用のレールには乗らず、週3日業務委託で社内のキャリア研修講師を継続して担当している ・来年1月からは、徐々に他社の研修講師や人事業務請負の仕事を拡大する予定。すでに2社から依頼がある	【そのために取り組むこと】 (具体的行動) ・定年前1年前から個人事業主契約に関して上司と人事に打診 ・独立後は、サラリーマン時代以上に積極的にSNSで情報発信を行い、新たなネットワークを拡大する ・本の出版を目指して企画書を作成している
(3)年後の「肩書」	他社キャリア研修講師も行うポートフォリオワーカー (2023年9月)
【自分はどうなっているか】 (達成している状態) ・副業として研修会社の講師にエントリーしスポットではあるが実際に他社の層別研修講師として経験を積んでいる ・中高年キャリアに興味ある社内外メンバーに声をかけ、自主的な勉強会の幹事を務めている。幹事として講師依頼を通じて外部専門家ともネットワークができつつある	【そのために取り組むこと】 (具体的行動) ・研修会社に提出する職務経歴書作成のために徹底的なキャリアの棚卸しを行う。その際には、外部キャリアコンサルタントの意見をもらい、「売れる」経歴を仕上げておく ・外部講師とのネットワーク構築のため、勉強会以外にも積極的に外部セミナーに参加し、知人を増やす
1年後の「肩書」	社内でのキャリア研修のプロフェッショナル(第一人者) (2020年9月)
【自分はどうなっているか】 (達成している状態) ・キャリアに関する資格を取得し、その肩書を名刺に記載して、出会った人に配っている ・自分の人事領域の中では、経験が薄い採用に関する実務担当者セミナーに参加し、採用業務の専門性を高める ・社内研修の講師を志願し、実際に登壇している	【そのために取り組むこと】 (具体的行動) ・キャリア関係の資格取得のために申し込みをし、資格取得のための年休取得計画を具体的に立てる ・採用にターゲットを絞り、実務者セミナーに参加する ・社外の勉強会で講師役にチャレンジし、参加者から率直なフィードバックをもらい、講師スキルを向上させる

【図18】キャリアデザインマップ記入例

キャリアビジョン

【成し遂げたいこと】

今までつちかってきた専門性や経験、磨いてきた人間力など自分固有の特長を惜しみなく注ぎ込み、縁ある個人･組織の課題、悩みに寄り添いながら、その解決の力となり、新たな再出発を支援する仕事をする

【どんな生き方をしたいか】

年齢にかかわりなく「働けるうちは働く」ワークスタイルを実践し、自分の専門性を社会に役立たせる

多くの人との新たな出会いを大切にし、1カ所に依存することなくパラレルな働き方を実現する

自分を知る

仕事

【これまで経験した仕事】

・ラインでの人事労務業務（採用・給与・制度）
・中高年キャリア開発支援業務（含人材派遣）
・自動車部品バイヤー業務
・業界全体の人事労務・安全衛生取りまとめ
・対面での新車営業（飛び込み訪問含む）

【これまでに獲得した知識･スキル】

・対面での面談スキル（傾聴・コーチング）
・労働法に関する専門知識
・中高年キャリア開発に関する業界情報・人脈
・人事領域すべてに関するオペレーション経験
・新車営業・購買業務で養った対人折衝力

【自分の強み･弱み】

・人の話を聴くことが好き（苦にならない）
・大病経験があり、あまり大きな欲を持たない
・大企業も中小企業も外資系企業も経験し、そこに勤めるサラリーマンの気持ちが実感として理解可能
・組織でリーダーシップを発揮するのが苦手

【大切にしたい価値観】キャリアアンカー

・人から「ありがとう」と言われる仕事をする
・体を壊してまで仕事はしない
・「お金のため」を理由に自分の信条に反する仕事はしない
・「自未得度先度他」「Pay It Forward」

キャリアの方向性を見定めよう
～「キャリア・アンカー」を認識する

あなたは、「キャリア・アンカー」という言葉を聞いたことがありますか？

「キャリア・アンカー」とは、アメリカの組織心理学者エドガー・シャインによって提唱された概念です。個人がキャリアを選択する際に、自分にとって最も大切で、これだけはどうしても犠牲にできないという価値観や欲求、動機、能力などを指します。

船の〝錨〟（アンカー：Anchor）のように、職業人生の舵取りのよりどころとなるキャリア・アンカーは、1度形成されると変化しにくく、生涯にわたってその人の重要な意思決定に影響を与えつづけるといわれています。

シャインは、主なキャリア・アンカーを「経営管理能力」「専門・職能別能力」「保障・安定」「起業家的創造性」「自律・独立」「奉仕・社会貢献」「純粋な挑戦」「生活様式（ワーク・ライフバランス）」の8つに分類しました。8種類のアンカー・カテゴリーは以下の通りです。

①経営管理能力……組織の中で責任ある役割を担うこと（を望むこと）
②専門・職能別能力……自分の専門性や技術が高まること（を望むこと）
③保障・安定……安定的に1つの組織に属すること（を望むこと）
④起業家的創造性……クリエイティブに新しいことを生み出すこと（を望むこと）
⑤自律・独立……自分で独立すること（を望むこと）
⑥奉仕・社会貢献……社会をよくしたり他人に奉仕したりすること（を望むこと）
⑦純粋な挑戦……解決困難な問題に挑戦すること（を望むこと）
⑧生活様式（ワーク・ライフバランス）……個人的な欲求と、家族と、仕事とのバランス調整をすること（を望むこと）

ご自身のキャリア・アンカーについては、白桃書房から発行されている『キャリア・

アンカー〈1〉 セルフ・アセスメント』（エドガー・シャイン、2009年）を使うことで、簡単に知ることができます。

ちなみに私のアンカー・カテゴリーは、第1位が「専門・職能別能力」で次点が「起業家的創造性」と「奉仕・社会貢献」です。私がミッションとしている「30年間を超える社会人生活を通じて獲得した自分の経験・専門性、磨いてきた人格など、自分固有の特長を惜しみなく注ぎ込み、今ここで縁ある周囲の人々（個人および組織）の課題・悩みに真摯に寄り添いながら、その解決に力となり、人々の新たな再出発をサポートしていく」に合致しています。

自分の譲れない価値観を知るためには有効な手法です。ぜひ1度セルフ・アセスメントされてみることをおすすめします。

シニアからの「Will／Can／Must」の考え方

自分のキャリアの方向性を考える際によく使われるフレームに「Will／Can／Must」があります（次ページ図19）。

「Will（やりたいこと）」と「Can（できること）」と「Must（求められること）」の3つの円の重なった部分が、あなたの目指すべきキャリアの方向性です。

確かに、3つの円が重なる部分が見つかるのが理想ですが、この3つが重なるところを追い求めると、いくら探しても獲得できない「キャリアの青い鳥」状態に陥ります。

私は「Will／Can／Must」フレームは、次のように考えればよいのではと思っています。

①今目の前の仕事にまずは取り組んでみる（Must）

②取り組んでいるうちに自分独自のスペシャルな仕事としてできるようになる（Can）

③それが（結果として）やりたいことになる（Ｗｉｌｌ）

シニア世代の場合も同じです。

①目の前の仕事を6ゲン主義で徹底的に取り組み、超実務力を磨き上げる（Ｍｕｓｔ）
②その超実務力を標準化し、後輩に教えてみる。そして、自分の教え方に対するフィードバックを受ける（Ｃａｎ）
③周囲から相談され頼られるように

【図19】シニアからのWill ／ Can ／ Must

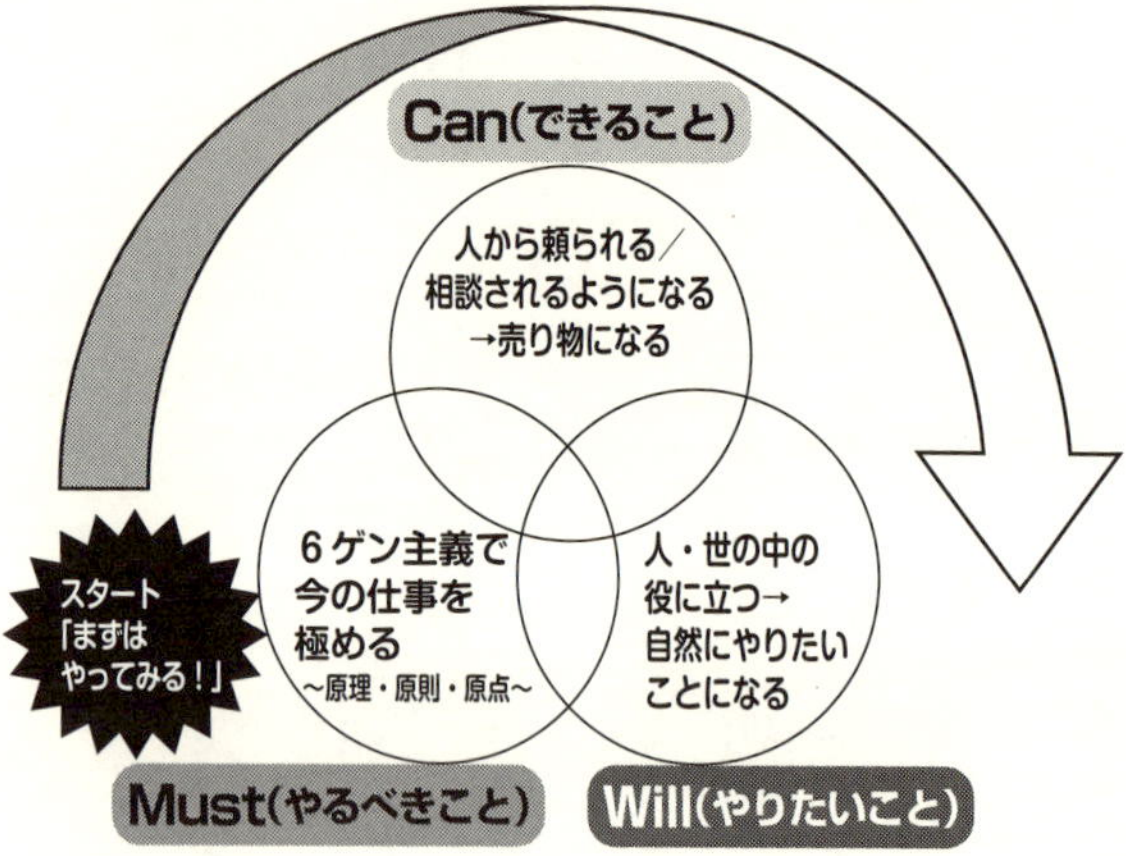

Can（できること）
人から頼られる／
相談されるようになる
→売り物になる
スタート
「まずは
やってみる！」
6ゲン主義で
今の仕事を
極める
〜原理・原則・原点〜
人・世の中の
役に立つ→
自然にやりたい
ことになる
Must（やるべきこと）
Will（やりたいこと）

なり、（それが）自然にやりたいことになる（Will）

「やりたいこと」ではなく「やりたくないこと」から考える

シニアからのキャリアを考える際に、「やりたいこと」が明確であれば問題はありません。あとは行動するだけだからです。

しかしながら、多くのシニア世代の悩みはポイントが違うのです。

私がシニアの皆さんとお話しすると、「今のキャリアに満足しているわけではないが、特にこれと言ってやりたいこともない」「漠然と将来のキャリアに不安を持っているが、何をしたらいいかわからない」という方がたくさんいらっしゃいます。

そのような場合、私がアドバイスするのは、**「やりたいこと」から考えるのではなく、「どうしてもやりたくないこと」から考える**ということです。

若い世代であれば、「好き嫌いで限定することをせずに、まずはいろいろ挑戦してみないとダメ」というアドバイスが有効かもしれませんが、シニアの皆さんはすでに人生の酸いも甘いもさまざまなことを経験しています。

今さら不得意なことやイヤなことに無理して取り組む必要はありません。

「人生とはできることに集中することであり、できないことを悔やむことではない」

2018年に亡くなった車椅子の物理学者スティーブン・ホーキング博士の言葉です。

私の場合でいうと、ライフカーブをじっくり眺めてわかったのですが、「仕事の完成が自分ではコントロールできない他人の働き（がんばり・気分）に依存するような仕事に対して責任を持たされること」がやりたくないことでした。

「ほかの人に気を使いながらその仕事をやってもらう」ような仕事の仕方です。

逆にモチベーションが上がるのは、「自分の力で完結できる仕事を自分の責任で行っていく」シチュエーションです。

こうして「やりたくないこと」を考え抜いて導き出したキャリアの方向性がインディペンデント・コントラクター（ＩＣ）という働き方です。ＩＣは、「雇わない・雇われない」をコンセプトとした働き方なので、まさに私のやりたくないことから逃れることができる働き方だったのです。

事例 CASE 自分にとっての優先順位を明確にしたおかげで転職に成功

Nさんは、父親の介護をしていた母親が骨折で入院したため、父親の介護を開始。通勤と介護の両立が難しい中、どうにか対応していましたが、勤務先が遠隔地へ移転することになりました。

介護と通勤の両立が不可能となったため、勤めていた設備機械メーカーを退職してタクシー業界に転職しました。

毎月休みたい日を事前に知らせる勤務制のため、前職のように仕事の都合で急に「替わってくれ」と言われることがなくなり、時間のコントロールが自分でできるようになりました。

まったくの異業種でしたが、自分にとって優先順位の高い介護・家庭と仕事の関係をうまくコントロールすることができ、転職したことに満足しています。

解説 COMMENTARY

「自分の時間がコントロールできるかどうか」というキャリア選択の優先順位がはっきりと決まっていたため、スムースな転職が果たせた事例です。

シニアの方の中には、これまでの経験や実績があるがゆえに業種・職種をガチガチに限定した柔軟性に欠けた転職活動を行う人もいます。

やはりキャリア選択の基準が明確に決まっている場合には納得できるキャリアチェン

ジが可能になります。

タクシー業界は年齢を問われることが少なく、求人案件も多い職種の1つですので、「無理せず、楽しむ」をモットーに定年後にキャリアチェンジするシニアの方もたくさんいらっしゃいます。

「30日・1年・10年の余命」を想定してみる

今を見つめ直し、人生の優先順位を導き出すためのワークとして、「余命宣告」のワークがあります。これは、あなた自身が医師から残りの余命宣告を受けた場合に何をするか、期間を設定して考えるある意味究極のワークです（次ページ図20）。

第2章やライフカーブのところ（72ページ）でもお話ししましたが、私は35歳のときに急性心筋梗塞で倒れました。急性心筋梗塞という病気は、致死率30パーセントともいわ

【図20】余命ワークシート

Q. 今あなた自身が医師から余命の宣告を受けた場合に何をしますか？
30日・1年・10年の3パターンで真剣に考えてみましょう

余命	何をしてすごすか
30日の命	
1年の命	
10年の命	

れる大変危険な病気です。

幸いにして手術は成功し、無事生還しましたが、ちょうど倒れたタイミングが長男の生まれる予定日の1カ月前という最悪のタイミングだったため、まさにこのワークのようなことをベッドの上で真剣に考えていました。

もし、あなたの余命が30日だったら、何をしてすごしますか？

ぜひ1度真剣に考えてみてください。その答えこそ実は今すぐにでも取り組まなければならない優先順位の高いことなのです。

私の場合は、今までお世話になった方たちに可能な限り御礼のごあいさつをすることでした。もし1年の猶予があれば、家族との思い出旅行と両親を海外旅行に連れて行くこと、写真・ビデオなどで可能な限り子どもと一緒の姿を残しておこうということなどを実行すべきことと考えていました。

10年間というと、そのときは無限大の時間・空間が広がっているような感じです。無事手術が終わって退院してからすでに22年も経過していますが、今でもその感覚がありありと残っています。

「10年あればなんでもできる！」という感覚は、将来に対して楽観的な見方になるので、独立してからもプラスに働いています。

キャリアデザインマップの実行計画欄には、ぜひその内容を記入してください。

あなたにとって余命30日でやらなければならないことは、何があっても今取りかかるべき優先順位ナンバーワンのことのはずです。あなたには、それを先延ばししている余裕はないのです。

自分はいったい何者なのか？　〜肩書を考えてみる

ここで再び、第3章で紹介した「たった17字で分かるあなたが『働く意味』」（144ページ）について、考えてみましょう。

「その仕事が誰に何を提供する仕事なのか、17文字以内で仕事のキャッチコピーをつけてください」という内容でした。

次の例は中学生が考えたキャッチコピーです。

・日本の未来を手助けする仕事　↓　幼稚園の先生
・おなかがすいた人を幸せにする仕事　↓　サンドイッチ店の店員
・お客さんのおなかをすかせる仕事　↓　食品サンプルの製造
・参拝者のために幸せを祈る仕事　↓　巫女《みこ》
・心に安らぎを与える仕事　↓　花屋の店員

・新しい家族のサポートをする仕事　→　ペットショップの店員

夢が広がるキャッチコピーですね。

自分の仕事について「誰に、どんな価値を提供したいか」を17文字で表現することで、「自分の仕事の軸」や「本質的で変わらないもの」を見つけることができます。

同じ第3章でポータブルスキルについて解説しましたが、会社や業種・職種以外の言葉で自分の仕事を説明してみることでポータブルスキルも見えてくるかもしれません。

皆さんの現在の仕事、将来取り組んでみたい仕事をぜひ17文字で表してみてください（次ページ図21）。見えてくるものがあると思います。

ちなみに私の仕事にキャッチコピーをつけるとしたら、「中高年の再出発を支援する仕事」（14文字）になります。6年前まったくの白紙状態で独立しましたが、キャリアビジョンは明確にしてあったので、事務所名はキャリアビジョンを反映させて「リスタートサポート（＝再出発支援）木村勝事務所」としました。

自分でコントロールできない外部環境の変化はどうする？

キャリアデザインマップを作成する際には、外部環境の変化をできる限り読み込んでおくことが必要です。これからのキャリアを考えるにあたっても、自分自身のことを第1に考えながらも、これからの社会環境の影響を考えないわけにはいかないからです。

【図21】仕事のキャッチコピーを考える
「自分の仕事を17文字で表すと」どうなる？

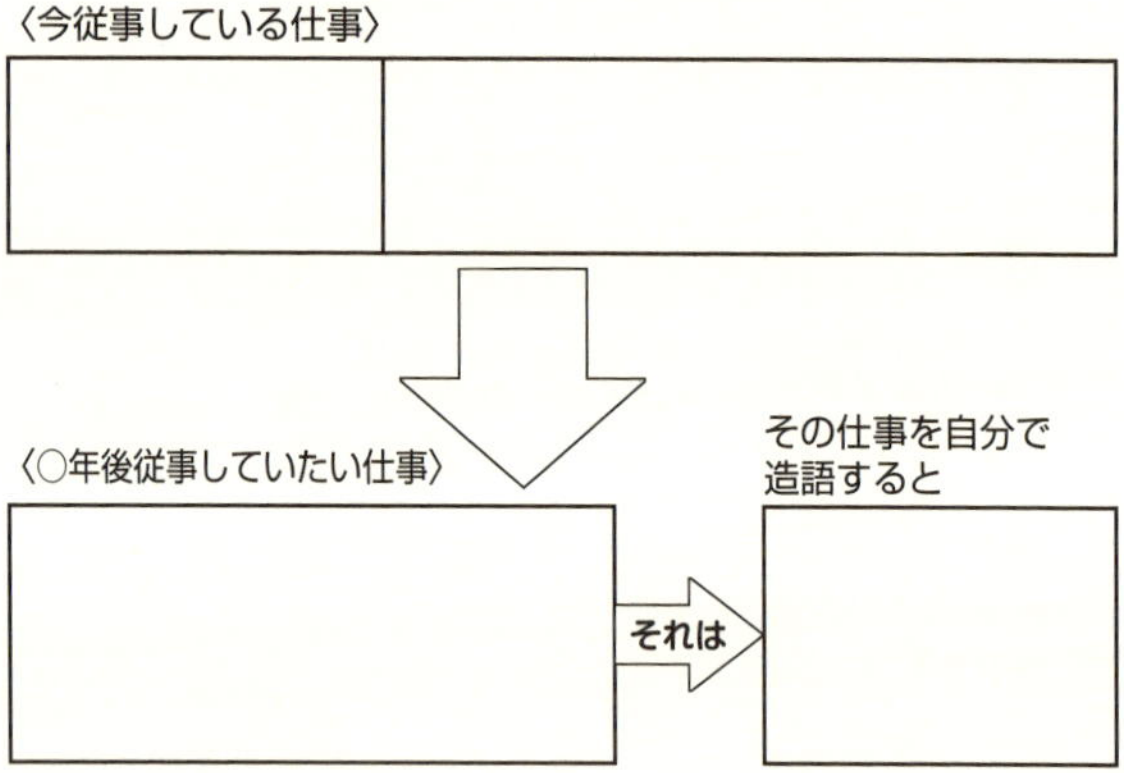

少子高齢化・平均寿命の伸び・環境保全などマクロ的な外部環境の変化もあれば、定年延長・年金支給開始時期や支給額の改定・ＡＩ化の進展（事務作業のＲＰＡ化）など、あなたのキャリアデザインに直結する環境変化もあります。

自分の所属する会社の動向変化も、あなたのキャリアに大きな影響を与えます。

私のサラリーマンとしての最後のキャリアは外資系企業でしたが、この会社も最初から外資系だったわけではありません。元々日本企業の関係会社であった企業がキャリアの途中での想定外のＭ＆Ａにより外資に経営が変わりました。

現時点で想定される変化をシートに書き出したうえで、中長期の視点で求められる人材を明確にしておきます。その際には「未来の年表」的な書籍も参考になります。

外部環境の変化を常に先読みし、「いかに想定外を想定内にしておくか」によってキャリアデザインマップの実効性も変わってきます。

時代の要請にあったキャリアデザインにリバイスしていくことも、キャリアデザインマップの作成では重要です。

また、外部環境の変化を可能な限り読み切り、そこから求められる人材ニーズを考えることで時代に要請される今後開発していくべき知識・スキルも明確になります。

次ページの図22は、外部環境の変化を予測可能な限りキャリアデザインマップに反映させるためのワークシートです。

マクロの変化、自分の所属する会社の動向など洗い出しにご利用ください。

キャリアデザインマップを完成させる

ここまでキャリアデザインマップを作成するために必要な情報について説明してきました。

この情報をキャリアデザインマップに入れ込み、あなたのキャリアビジョンが記入できればキャリアデザインマップに魂が吹き込まれたことになります。

あとは、あなたの設定したマイルストーンにしたがって実行計画を立てていきます。

【図22】外部環境の変化と期待される人材について考えてみる

社外	社会の変化 人口／環境／高齢化	
	マーケット動向	
	技術動向	
社内	人事制度 労働条件	
	経営方針 組織	

↓

社会環境（周囲からの期待・役割／社会から求められる人材）

実行計画へのブレークダウンにあたってのポイントは次の通りです。

①達成したいキャリアビジョンと現在の自分とのギャップを埋めるための具体的な目標を考えることが重要です。その際には、目標設定のフレーム「SMART」にしたがって目標を具体的に設定します。特に目標を数値化すると、実現確率が一気に上がります

②常に「家族キャリアマップ」と「ライフカーブ」「キャリア棚卸しシート」との連動を意識し、定期的に見直しを行うことが必要です。この3点セットが変更になったら、それに合わせてキャリアデザインマップも見直すことになります

あとはこれから説明する5つのポイント（「6ゲン主義」「複合スキル」「ポータブルスキル」「人脈」「寄り添い力（傾聴力・人柄）」）を意識して実行するのみです。

なお、キャリアの棚卸しやキャリアデザインマップを作成する際には、ぜひキャリア

をじっくり考える機会を設ける意味でも、「1人合宿」をして作成することをおすすめします。

「1人合宿」とは、作家が旅館やホテルに缶詰めになって原稿を書くように、1人で都内のホテルや地方の温泉宿で、パソコンとキャリアに関する情報だけ持ってこもります。

今までのキャリアを徹底的に振り返り、将来のキャリアの方向性を1人で考え抜く時間を意識的に作ることで、検討に真剣みが増します。ぜひ、チャレンジしてみてください。

キャリアデザインマップの実行にあたっての5つのポイント
～必須スキルはなるべく早い時期から準備する

キャリアデザインマップの実行にあたっては、次の5つのポイントを意識して実行していきます。

①6ゲン主義（超実務力）
②複合スキル（自分独自の専門性）
③ポータブルスキル
④寄り添い力（傾聴力・人柄）
⑤人脈

このシニアの5つの必須スキルに関しては、なるべく早い時期から意識的に取り組んでおく必要があります。

すでに第2章で「①6ゲン主義」と「②複合スキル」を、第3章で「③ポータブルスキル」を解説しているので、ここでは「④寄り添い力」と「⑤人脈」を中心に説明します。

人の話を聴けない「パワハラ系シニア」は絶対に成功しない

第1章「シニアをめぐるフリクション構造」（45ページ）で引用した企業活力研究所の調査結果では、若手・ミドル層にシニア（ここでは50歳以上）と仕事をするメリットについても聞いています。

高い項目として「高い技術、ノウハウなどを持ち、教えてもらえる」が62・8パーセント、「人生の相談相手として、経験を活かしたアドバイスがもらえる」が59・9パーセントとなっています。

たとえば、サントリーのグループ会社であるサントリーフーズでは、「TOO」という肩書を持つシニア社員がいます。「TOO」とは、「隣のおせっかいおじさん」の略称です。

忙しすぎて目が行き届かない管理職と若手社員との間に入り、個人が抱える問題を早期に摘み取る役目や人材育成のあと押しもしています。

同社では「TOO」はこれからのマネジメントに不可欠な存在になる」と、その役割を高く評価しています。

ＴＯＯとして活躍する社員のインタビュー記事を見たことがありますが、次のような言葉が印象的でした。

「私自身が心がけていたのは、自分の役割は黒子で、求められているのは後方支援であることをまず意識すること。管理職としては現役を終えているのに、それまでと同じスタンスで周囲と接していたら、うるさがられて、せっかくのアドバイスも『余計なおせっかい』になりかねません。このマインドチェンジが意外と難しくて、密かに悩んだ時期もありました。管理職時代の私は、どちらかというとトップダウンでグイグイ物事を進めるタイプでしたから、正直、最初は若い世代のやり方をもどかしく感じることもあったんです。でも、役職を退いて少し心の余裕が生まれ、世の中全体を眺められるようになって、『ああ、時代は変わったんだな』と。若い世代と自分との違いを認め、まずは相手の話を聞いて、『一緒に考えていこう』というスタンスでアドバイスをするようになりました」（Ｗｅｂサイト「役割創造 project」２０１８年１月10日掲載記事　https://www.lifeworks.co.jp/rc/individual/

entry000499.html)

原文はこちらからお読みいただけます↓

企業活力研究所の調査でもＴＯＯの事例でもうかがえるように、若手・ミドルの経験やスキルに期待するところは実は大きいのです。

そのポイントはインタビュー記事にもあるように、**「自分が、自分が」と前に出て行くのではなく、一歩下がって若手・ミドルの話をよく聴き、彼らに寄り添うようにサポートしていく**スタンスです。

私も多くのシニアを見ていますが、これができているシニアは職場でも受け入れられ、活躍しています。一方で若手・ミドルから総スカンを食らうのが、人の話を最後まで聴けない「パワハラ系シニア」です。

現役時代は、人事権という強力な武器を持っていたので部下も渋々ついてきましたが、役職定年などで人事権を奪われた、話を聴けないシニアには誰もついてきません。

これからキャリアデザインマップを実行していくためにも、話をよく聴き、寄り添うようにサポートできるスキルは必要不可欠になっています。

「寄り添い力」はシニアになってからでも養成できる

それでは、現役時代パワハラ系のシニアは、お先真っ暗なのでしょうか。

そんなことはありません。初めから自然に傾聴することは難しいのですが、日々の意識やトレーニング次第で傾聴力を高めることができます。

傾聴の基本は、「共感的理解」と「無条件の肯定的関心」「自己一致」です。各種のキャリアコンサルタント養成講座や産業カウンセラー養成講座、また私も講師を務める一般社団法人ビューティフルエージング協会のライフデザインアドバイザー養成講座でも基本的な傾聴トレーニングを学ぶことができます。

「傾聴」は職場でも有効に使える技術です。

長年の経験と知識・スキル・ノウハウを有するシニアが傾聴の技術を習得していれば、若手・ミドル社員も安心して「心の奥」を見せてくれるに違いありません。

寄り添い力は、性格にも大きく依存する部分がありますが、慶應義塾大学大学院 鶴光太郎教授の「性格スキル」の概念はシニアを勇気づけてくれます。

鶴教授は、『性格スキル』（祥文社新書、2018年）という本を書かれていますが、内容を要約すると次のようになります。

・学力や偏差値のような「頭の良さ」（認知スキル）だけでなく、むしろテストでは測れない「性格スキル」が人生の成功に影響する

・「性格スキル」にはビッグファイブと呼ばれる5つの要素「開放性」「真面目さ」「外向性」「協調性」「精神的安定性」がある

・また、「性格スキル」は「認知スキル」と比べて、大人になっても伸ばしやすい
「自分は〝寄り添い力〟が弱いな」と思っているシニア（あるいは、自分では自覚はないが周囲からそのように見られているシニア）の方は、ぜひ今から傾聴のトレーニングや性格スキルを伸ばしておく（5つの要素のうち弱い部分を改善する）ことを強くおすすめします。

事例 CASE

シニアからのキャリアチェンジで最も重視されるのは「人柄」

地方の中堅化学品メーカーの技術担当役員との会話です。

こちらの会社はシニア採用も積極的に行っています。「中途採用の際に重視する要素はなんですか？」とお聞きすると「一に人柄、二に人柄、三四がなくて五に人柄」という答えが返ってきました。

この会社は人事担当者の募集もしていたのですが、「なぜ今、人事担当者が必要なのですか？」と聞いてみると次の通りでした。

「小規模で商売をやっているときには、人事は社長の頭の中でできるので、周囲は人事や評価にからむ必要もなく専門家もいらない。しかし、規模が大きくなると（100人以上）、社長の頭の中ではやり切れなくなる。また、制度をきちんと作って運用しないと公平性などで問題が出て、採用にも影響がある」とのことでした。

解説 COMMENTARY

前記の技術役員の話を裏づけるデータがあります。一般社団法人人材サービス産業協議会（ＪＨＲ）が２０１３年11月に発表した「中高年ホワイトカラーの中高年採用実態調査」です。

この調査の中で企業に「採用後もっと評価しておけばよかったと思う項目」を聞いていますが、回答は「人柄」（25・４パーセント）と「専門性以外の職務遂行能力」（23・７パーセント）になっています。

シニアが新たな環境に適合するためには、自分に期待される役割をキチンと理解し、若手のサポーター役に回ることができる人です。

人柄はなかなか可視化しづらいポータブルスキルですが、「聴く力」を身につけることでかなりの部分をカバーすることができます。

事例 CASE

孫世代と今も働ける柔軟な「性格スキル」のおかげで70歳すぎても第一線で活躍

Oさんは、中規模の人事請負会社に在籍し、人事のオペレーションのプロとして長年仕事をしてきました。定年後再雇用後もその確実な仕事ぶりを評価され、若手上司のサポート役を務めてきました。

再雇用年限は65歳ですが、それ以降もOさんのサポートを必要とする業務がたくさんあり、例外的に雇用ではなく業務委託で継続して働いてもらうことになりました。

Oさんは、70歳を超える今も人事オペレーションの第一線で働いており、毎年年末の年末調整時期には、孫世代の女性社員に混ざって扶養控除申告書のチェック作業をしています。

解説 COMMENTARY

確実な超実務能力をお持ちであることはもちろんですが、それを周囲に受け入れてもらえる「性格スキル」の高さが70歳をすぎても周囲から頼られる存在でありつづける秘訣です。

Oさんの場合、特に性格スキルの5要素のうち「真面目さ」「協調性」「精神的安定性」が優れています。

超実務力を発揮するためのOSとしての寄り添い力が重要であることを示す事例です。

老後の生活を豊かにしてくれる人的ネットワークを早くから形成しておく

第2〜3章でサラリーマン時代こそ利害関係のない人脈を広げておくことを強調しま

した。ここではキャリアデザインマップ実行の際の5つのポイントの1つ「人脈」について総括的にまとめておきたいと思います。

次ページの図23は、人的ネットワークチェック表です。

自分を中心にさまざまな領域のネットワークが書かれています。皆さんは、この図のそれぞれのカテゴリーに入る人の名前が思い浮かぶでしょうか。

多くのサラリーマンの皆さんは、「仕事関係」が中心だと思います。これをそれ以外の領域にも意識的に拡大していきます。

まずは、サラリーマン時代に拡大しておくべき人脈の中でも最もプライオリティが高いのが「他企業の同業種ネットワーク」です。

第3章で、業務に関する法改正セミナーからつながった転職事例（134ページ）を紹介しましたが、将来の仕事面でのつながりが一番期待できる人脈カテゴリーがここになります。

【図23】自分の現在の人的ネットワーク（人脈）を点検してみよう

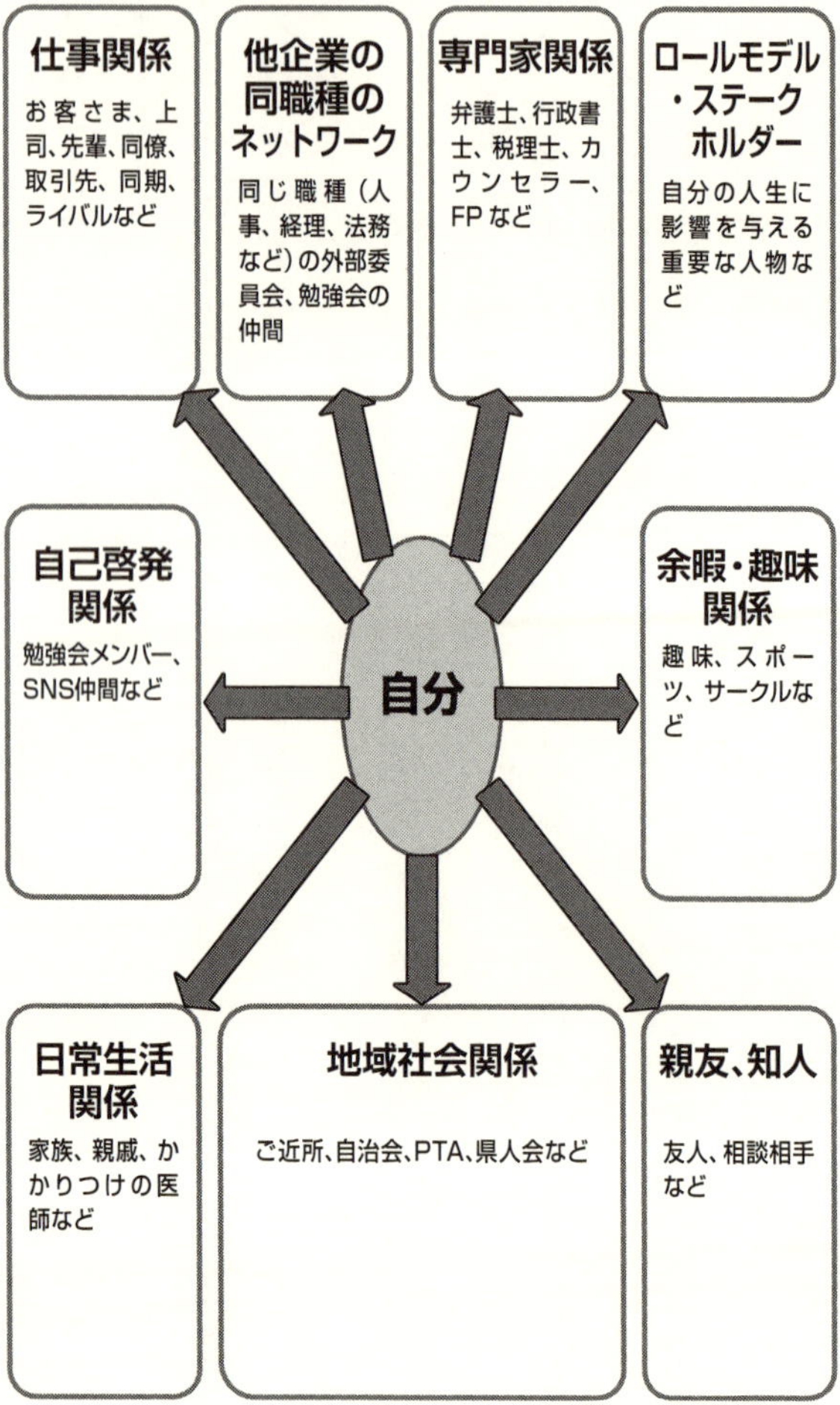

業種団体（自動車でいえば日本自動車工業会など）が組織する委員会、役所関係が主催する委員会（審議会・研究会）、職域関係の役員会（健保の健保連や年金基金幹事会）などが該当します。

もし、あなたがこうした委員会などへ参加するチャンスがあるのであれば積極的に参加すべきです。同職種でお互い人柄や実力もよくわかっているので、仕事上のコラボレーションも容易です。

こうした機会がない場合には、自分の業務に関係する法改正講座などに参加することで同じような効果を得ることが可能です。

「他企業の同職種ネットワーク」から派生するのが、「自己啓発関係の勉強会」です。

私も官庁系の外部委員会に参加していたメンバーが中心となって発足した有志の飲み会・勉強会に定期的に参加していますが、人事という同職種のメンバーが集まっているので、興味・問題意識も共通するところが多く、自分の専門知識の幅を広げるという意味でも大変有意義な会になっています。

また、シニア世代からは、「地域社会活動」にも早めにデビューしておくべきです。サラリーマンは誰でも最終的には自分の住む地域社会が活動の拠点になります。

私は、現在2つの会（組織）を通じて地域社会に関係を持っています。1つは事務所登録をしている東京都行政書士会杉並支部の活動を通じて、もう1つは三鷹ネットワーク大学という市民大学の受講者有志からなる月1回の勉強会を通してです。

こうした地域活動では、「今までどこに勤めていたか」「どんな役職についていたか」など過去の経歴は一切関係ありません。今の自分がその活動に対して「主体的に何をしたいのか」、あるいは「何ができるか」だけが問われます。

第2章で地域活動デビューの時期が65歳雇用義務化の影響もあり、年々遅くなっていることを紹介しましたが、70歳雇用努力義務化の動きによっては、一生自分の住む地域とかかわりを持たずに人生が終わるケースも出てくるかもしれません。

ダイヤ高齢社会研究財団の澤岡詩野主任研究員の論文に都市部の企業人の3つの居場所の移り変わり図が掲載されています（『生活福祉研究』通巻83号　2013年2月「後期

高齢期の『居場所創り学』のすすめ」）（次ページ図24）。

3つの居場所とは、第1の居場所である家庭、第2の居場所である学校や職場、そして第3の居場所である地域社会や趣味・同窓会などをいいますが、第2の居場所である会社との関係がなくなる中で、第3の居場所がないと「濡れ落ち葉」「わしも族」になると警告を発しています。

「わしも族」とは、定年後、することもなく友だちもなく生活能力もなく、ただ奥さんのすることにことごとく「ワシも」「ワシも」とついて回る夫のことです。この状態になると熟年離婚リスクもマックスです。

私は10年前からある坐禅会に参加していますが、独立後当初、会社関係の人間関係が希薄になった際にも継続して行く場所があるという点で、メンタル面（孤独感）での大きなセーフティネットになりました。

人生100年時代、会社退職後の期間がますます長期化する中、こうした第3の居場

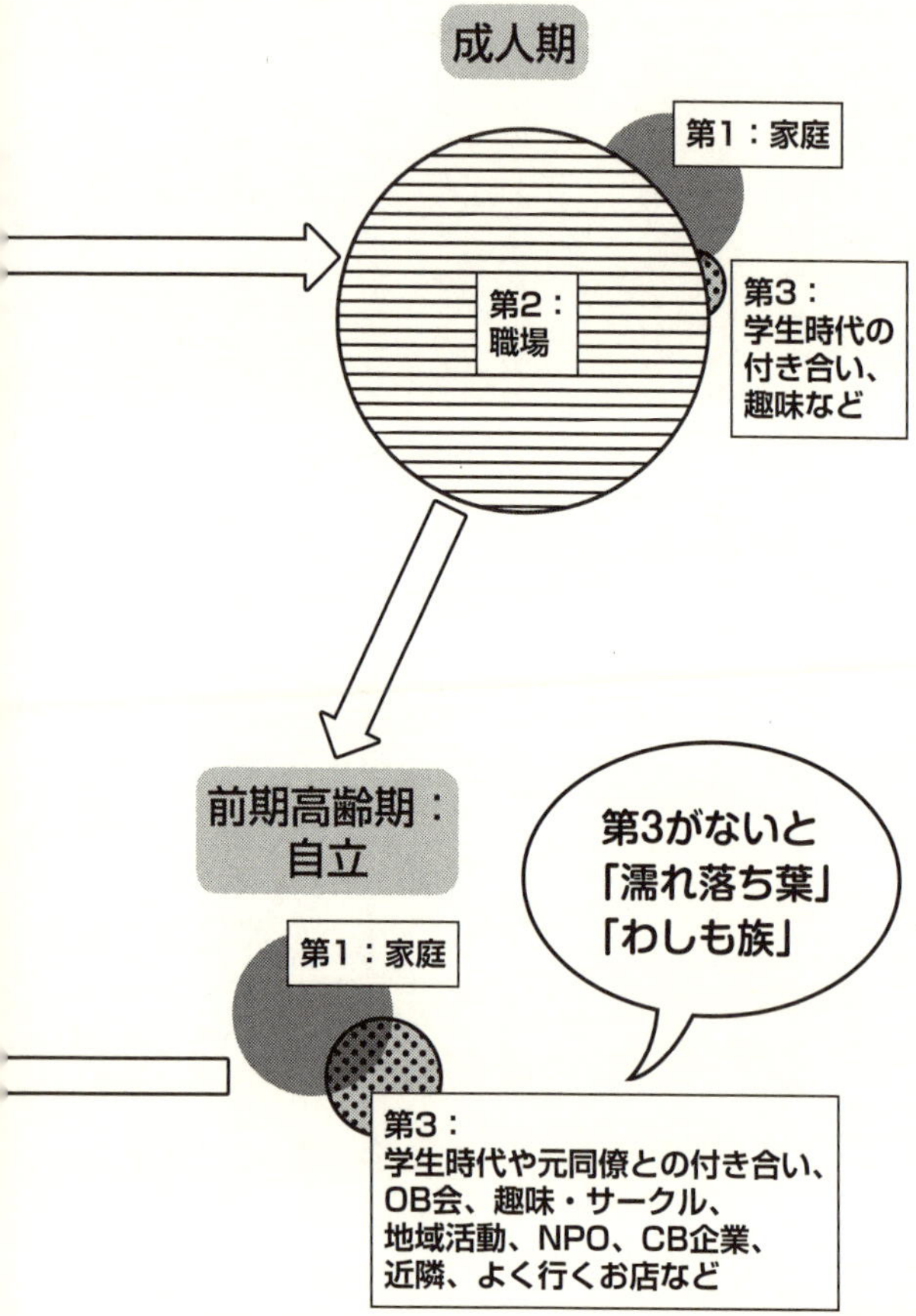

成人期
第1：家庭
第2：職場
第3：学生時代の付き合い、趣味など
前期高齢期：自立
第1：家庭
第3がないと「濡れ落ち葉」「わしも族」
第3：学生時代や元同僚との付き合い、OB会、趣味・サークル、地域活動、NPO、CB企業、近隣、よく行くお店など

【図24】居場所の移り変わり：都市部の企業人

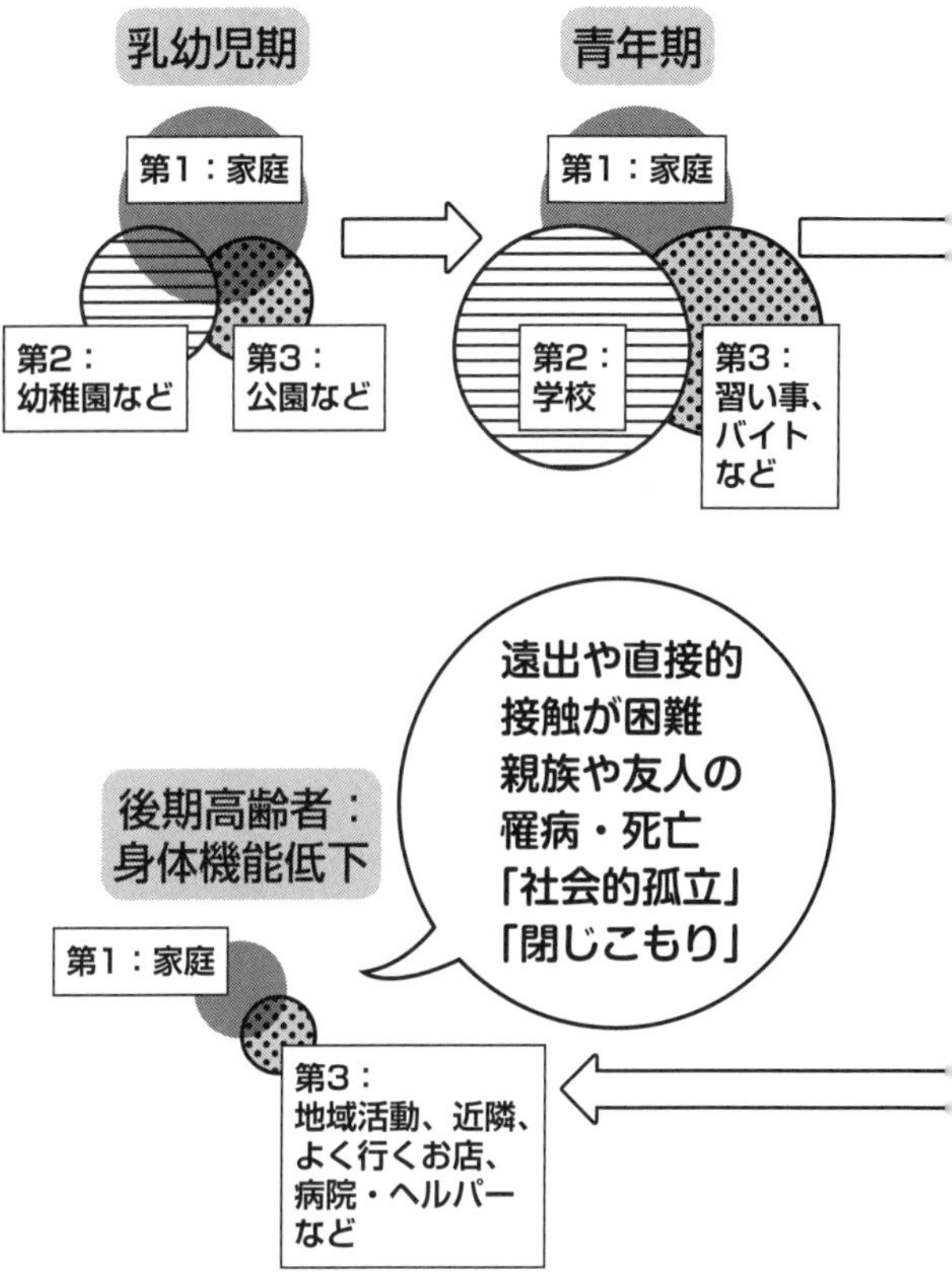

ダイヤ高齢社会研究財団　主任研究員　澤岡詩野氏
『生活福祉研究』通巻83号（2013年2月）「後期高齢期の『居場所創り学』のすすめ」より

所を若いうちから意識的に作っていくことも、シニアにとっては精神的にも生活面でも必須になってきています。

社外のネットワークを構築する際の必須アイテム「個人名刺」

仕事外でのネットワークを広げていく際の必須アイテムが「個人名刺」です。会社の仕事関係ではないので、会社の名刺を出すのも違和感があります。そのときに役に立つのが個人名刺です。

次ページの図25は私がサラリーマン時代に作った個人名刺です。個人名刺は、プライベートな会合で配る名刺です。

個人名刺には、プライベートアドレスが記載されているので、会社を離れてからも関係継続が可能になります。

私は、先ほど講座をご紹介したビューティフルエージング協会の事務局の仕事をして

【図25】プライベート名刺を作成してみよう

- □プライベートな会合で配る名刺
  （アドレスもプライベートアドレスなので好都合）
- □プライベートアドレスが記載されているので、
  会社を離れてからも関係継続が可能
- □将来の自分の姿の見える化→行動へのモチベーションになる
- □女性は、住所の記載は入れずにメールアドレスのみでもOK
- □裏も使えば、さらに詳しい情報開示が可能
- □「好きな言葉」をタイトルにするのも1つの手
- □ネットでもオーダー可能、近くの「判子屋さん21」でも作成可能
- □ロフトなどでは、おしゃれなデザイン見本が数多くあるので、
  気に入ったデザインを利用するのもよい

著者がサラリーマン時代に作成したプライベート名刺

あなたのプライベート名刺を作成してみましょう

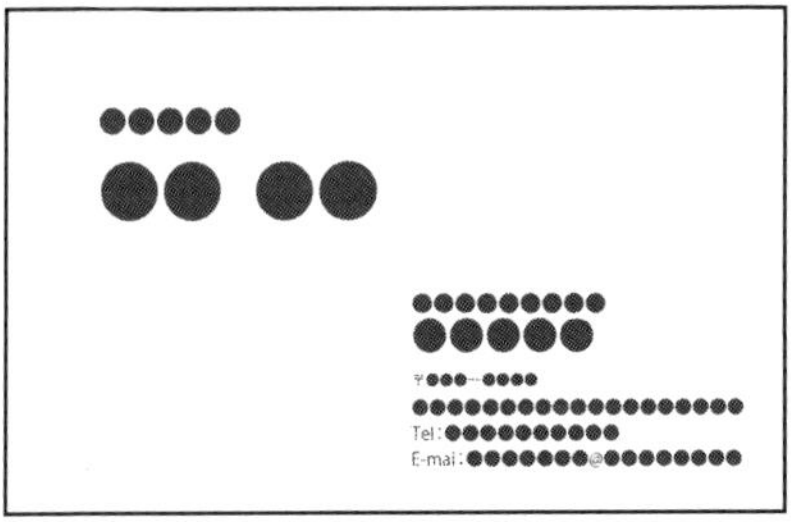

いたことがありますが、会社退職とともに連絡が途絶えてしまうケースにしばしば遭遇しました。会社のアドレスは退職（出向でも）と同時に使えなくなってしまうからです。こうした事態を避け、長い関係をつなげていくためにも個人名刺は有効です。

また、個人名刺は、自分で作る名刺なのでどんなことを書いてもかまいません。たとえば、将来自分が実現したいキャリアビジョンを書くことによって将来の自分の姿が「見える化」され、行動へのモチベーションになります。

また、「好きな言葉」をタイトルにするのも1つの方法です。サラリーマン時代に私が作った個人名刺には、「Pay It Forward（次へ渡そう）」と書いてありますが、これは当時観て感動した映画のタイトルです。

裏面も使えば、さらに詳しい情報開示も可能です。やはりこちらから自己開示して情報を提供すればするほどお会いした方とどこかで引っかかりができてきます。私の場合、名刺に出身地を記載しているので、つい最近も出身地の話から同じ中学校卒業であることが判明し、急に心理的な距離感が縮まったことがあります。

また、女性の場合は、住所を記載せずにメールアドレスのみでもＯＫです。

個人名刺については、ネットでもオーダー可能ですし、お近くの「判子屋さん21」などでも作成可能です。

少々値段が高くなりますが、ロフトなどではおしゃれなデザイン見本が数多くあるので、気に入ったデザインを利用してお気に入りの名刺を作成することもできます。

人生１００年時代、会社外のネットワークが果たす役割は従来以上に大きくなってきます。せっかくの出会いを一期一会に終わらせないためにも、今すぐ個人名刺をお作りになることをおすすめします。

事例 CASE

セミナー受講で他企業・同職種のネットワークが構築された

私が日産自動車から関係会社へ社命転籍をした44歳のときに受講したのが、一般社団法人ビューティフルエージング協会主催のライフデザインアドバイザー養成講座です。受講者は、企業の出向転籍業務担当者やすでにキャリアコンサルタントとして独立していた方まで多士済々。8日間（現在は6日間）もの間、研修をともにした異業種のメンバーとは研修受講13年後の今でも関係が継続しており、この研修を受けたことが今のICとしての働き方に直接つながっています。

解説 COMMENTARY

外部セミナー受講をきっかけに他企業の同職種のネットワークが構築できた事例です。ネットワーク構築という観点からすると、単発の研修よりも研修期間が長ければ長いほど、自己開示する領域も多くなり、より深いネットワークを築くことができます。お互い当時在籍していた会社を離れてからのほうが結びつきも強くなり、情報交換の有効性も高まっています。

「同職種の他企業メンバーとのネットワーク作り」「ある程度長期間の研修」「受講後も関係が継続する仕組み」――このあたりがこうした研修をシニアから選択する際のキーワードです。

SNSに参加していないのは「存在していない」のも同然
～情報発信のススメ

人と人を直接結びつけるツールとして個人名刺をご紹介しましたが、交換した名刺の関係を定着させ、さらに発展拡大させるツールがフェイスブック・リンクトイン・ツイッターなどのSNSやブログです。

私の場合は、フェイスブックをメインに前記に挙げたツールはすべて登録していますが、周囲を見回してみても、サラリーマンのSNS利用率はまだまだ低い印象です。

たとえば、若い世代の利用率が下がりもはやオワコン（終わったコンテンツ）とも評されるフェイスブックですが、依然としてミドル・シニア層の利用率は高いものがあります。

感覚的な利用状況ですが、私のような会社に属さずにフリーで働いている人はほぼ100パーセントの利用率ですが、サラリーマンの方は3割くらいの利用率のような感じです（あるいは、登録だけしているが積極的に発信していない方が多い）。

名刺交換した人とは、すぐにフェイスブックの友達申請でつながるというのがネットワーク作りの基本動作（あとで必要になったときにはメッセンジャーで連絡を取る）ですが、サラリーマンの方からこちらに友達申請を受けることはほとんどありません。特に大企業のサラリーマンの方ほどＳＮＳ利用には消極的な印象を受けます。

サラリーマンの場合、ますます厳しくなる社内での情報セキュリティ規制もあり、社外とのつながりを積極的に作ることがはばかられる面もありますし、そもそも会社以外の人と接点が少なく、つながる必要がないというのもその理由だと推察します。

しかしながら、これから自律的なキャリアを歩もうとするあなたは、こうしたＳＮＳツールを積極的に活用し、自らつながりを作っていく必要があります。実際、欧米ではリンクトインはかなり一般的な転職ツールとなっているので、外資系企業にお勤めの方の間では、その登録はデフォルトになっています。

キャリアの棚卸しを行い、キャリアデザインマップで自分の目指すべき方向性が定まったあなたにとって必要なことは、その所有する自己資産を積極的に外部に発信し、認知してもらうことです。

いくら立派な資産を持っていてもそれが外部に認知されなければ「存在しないも同然」です。

自分の専門分野に関する記事を引用して簡単なコメントをつけ、フェイスブックやツイッターにこまめに投稿することもこれからのシニアにとっては必須になっています。

第2章「あなたの市場価値と給料の乖離はここまで開いている」でも書きましたが、若手・ミドルは厳しい就活を通じてネットやSNSを通じて売り込むことに長けていますが、シニアはせっかく素晴らしいキャリアを持っている場合でも「見せ方」「売り込み方」の稚拙さで損をしているケースが多いです。

SNS活用力は、これからのシニアに求められる基本的なスキルの1つになってきているのです。

個人事業主の目線を持つためには何をしたらいいのか?

150ページで「個人事業主の目線で今目の前の仕事に取り組む」重要性を説明しましたが、個人事業主目線とはどういうものかを体感するには、現在個人事業主として実際に働いている人と話をしてみるのが一番です。

個人事業主的な働き方をしている人たちが会員となっている協会があります。特定非営利活動法人インディペンデント・コントラクター協会という団体です。

こちらの協会は、2003年に設立され、IC（インディペンデント・コントラクター）という働き方を広く認知・普及させることや、会員IC同士のつながりを広げる場作りを活動の目的として活動しています。

私も独立当初から会員なのですが、サラリーマンでも、事業家でもなく、フリーエージェントという働き方をしているメンバーが数多く参加しています。

こちらの協会では、ほぼ毎月セミナーを開催しており、非会員でも参加可能なので、ご興味のある方はぜひ1度参加してみることをおすすめします（IC協会会員はセミナー参加は無料ですが、非会員はその都度参加費がかかります）。

セミナーの終了後には、有志による懇親会も開催されますので、個人事業主的に働いている人から直接情報が入手できます。

私も独立する1年前から非会員として、セミナーやそのあとに行われる懇親会に参加していました。懇親会の場では、ＩＣとしての苦労や魅力など、惜しみなく情報提供をいただけたので、実際自分がサラリーマンを卒業してＩＣとして独立する際にはその情報が大変役に立ちました。

年に4回ほど、ＩＣという働き方に興味を持つ方を対象にＩＣスタートアップセミナーも開催しているので、関心のある方はＩＣ協会のホームページからお申し込みください。

私は独立する半年前にこのセミナーに参加し、ＩＣとしてスタートするために最低限必要な知識、ノウハウを学び、独立への不安を払拭させることができました。

※インディペンデント・コントラクター協会ホームページ　https://www.npo-ic.org/

こちらからアクセスできます→

シニアからのキャリアデザイン5原則

第1ステップとしてキャリアの3つのツール（「家族キャリアマップ」「ライフカーブ」「棚卸しシート」）を使って、まずは徹底的なキャリアの棚卸し（自己資産の洗い出し）を行うことについて、第2ステップとして将来のキャリアの方向性を示すキャリアデザインマップの作成とそれを推進していく際の5つのポイント（「6ゲン主義（超実務力）」「複合スキル（自分独自の専門性）」「ポータブルスキル」「寄り添い力（傾聴力・人柄）」「人脈」）について解説しました。

最後に今まで説明してきた内容の総まとめとして、シニアからのキャリアデザイン5原則を記します。ご確認ください。

〈原則その1〉「収入は細く長く面積で考える」

「一攫千金」「一旗あげる」という考えは捨てて、年齢にこだわらず、細く長く仕事を続けることを目標とします。また、キャリアデザインマップにしたがって転職する場合には在職中に次を決めておくことを鉄則とします。

「少し休んでパワーを充電してから次のキャリアを」と考えがちですが、「充電期間」がキャリアの放電期間になりかねません。毎日の通勤がなくなり、ジャージ姿で日々すごすうちに外出もおっくうになり、顔つきも迫力に欠けてきます。

〈原則その2〉「経験こそ商品」

シニアのキャリアは、「肩書」「資格」よりも「実務経験」がものを言います。誰も「通信教育で段位」を取った指導者に空手を習おうとは思いません。

転職するにしても、独立するにしても、長年つちかった「実務経験」がポイントになります。資格を取得するのならば、サラリーマン時代の実務経験に近い分野の資格を選ぶべきです。

〈原則その3〉「キャリアは複線化」

1カ所に全面的に依存することなく「複業」を目指します。複数の会社と業務単位での請負契約を結んで仕事をするような働き方です。

収入源を複線化でき、人間関係においても精神的ストレスが少ない働き方です。そのためにも現役時代から社外の勉強会などに意識的に参加して人脈を築いておくと、「実務に強い助っ人」として、のちのち誘いを受けることもあります。

〈原則その4〉「雇用にこだわらない」

「雇用」にこだわることなく、業務委託・業務請負などあらゆる働き方を組み合わせて、目標とするやりがいや収入を実現することを目指します。特にシニアからのキャリアチェンジでは、正社員雇用にこだわらず、まずは職場に入り、実績を周囲に示してから自分にふさわしい雇用形態を実現するほうが近道です。

勤務する会社でやっている仕事を、そのまま業務委託契約にしてもらい、それをベースに独立して働く個人事業主となるのが、シニアにとってはリスクの少ない優良な選択肢の1つになります。

〈原則その5〉「気持ちは個人事業主」

55歳をすぎたら会社勤めを続けているとしても、独立した個人事業主の気持ちで仕事をすることがポイントです。60歳以降に再雇用で働くとしても有期契約社員として改めて契約を結ぶことになります。

会社に一生身を委ねる「就社」意識から脱却して、社会と直接つながる気概を持って自立を始めましょう。

キャリアの航海に漕ぎ出すための3つのステップ

ちょうどこの原稿を執筆中に、「3万年前人類が今の台湾から沖縄の島々に渡ったとする説を実証しようと台湾を出発した丸木舟が２００kmあまり離れた与那国島に到着した」というニュースが報じられていました。

太陽や星の位置を頼りに黒潮の流れを越えて航海を続けた結果の快挙です。

ぜひ皆さんもお手元のキャリアデザインマップを手に、次の３つのステップでキャリアの航海に漕ぎ出していただければと思います。

①役職定年のような人生の節目を逃すことなく、チャンスと捉える
②その節目で1度立ち止まって、キャリアの棚卸しを行うとともに、将来の方向性を見定める
③その方向性にしたがって着実にやるべきことを愚直に実行する

この3ステップこそが、働けるうちは働くためのキャリアを実現するステップになります。

そして皆さんのゴールは、キャリアデザインマップで掲げたご自身のキャリアビジョンの実現です。

第5章

あなたのキャリア＆スキルをお金に変えるための具体的な方法

サラリーマン時代にマネタイズの予行演習をしておこう

この章では、キャリアの棚卸しにより今までの知識・スキル・経験を〝売り物〟としてキチンと商品化したあとに、それを「マネタイズ（お金に変える）して、定年後も稼ぎつづける働き方」を実現していくための具体的な方法をご紹介します。

マネタイズに関しても、前章で解説したシニアからのキャリアデザイン5原則を適用します。

①収入は細く長く面積で考える
②経験こそ商品
③キャリアは複線化する
④雇用にこだわらない
⑤気持ちは個人事業主

シニアからのキャリアデザインでまず考えることは、「キャリアの複線化」です。最終的には、1カ所に全面的に依存することなく、複数の会社とさまざまな形態のつながりを持ちながら仕事をすることにより、パラレルな働き方の実現を目指します。

キャリアの複線化とは、「収入源の複線化」とも言い換えることができます。

その前準備として、まず**金額はわずかでいいので、サラリーマン時代に会社の給料以外から売り上げをあげる経験をしておく**ことをぜひおすすめします。

現在、政府が推進する副業・兼業も、生活費の補てんという実利的な面が強調されがちですが、実は所属する企業以外から収入を得る経験をすることに大きな意味があります。兼業・副業は、「この会社を離れては生きていけない」という日本のサラリーマンに刷り込まれた意識を大きく変える力があるのです。

サラリーマン時代にこの経験をしておくことは極めて重要です。その経験をするのとしないのとでは、たとえて言うと「0から1へ」「水から蒸気へ」「地上滑走から離陸へ」

くらいの違いがあると私は思っています。

長年サラリーマン生活を送り、1カ所から給与が振り込まれる生活に慣れていると、「会社から離れては生きられない」という思い込みにどうしても囚われてしまいます。

まずは、この状態から脱却するためにもマネタイズの予行演習をしておくことに大きな意味があるのです。

今の会社以外から収入を得る体験ですが、あなたの勤務する会社が兼業・副業を認めているのであれば、「自分の得意分野で勉強会を開き、参加者から会費をいただく」というのでもいいですし、あるいは「興味がある領域の1日スポットの試験監督官のアルバイト」などをしてみてもいいでしょう。

もし、あなたの会社で副業・兼業が認められていない場合には、たとえば地元で定期的に開催されているフリーマーケットに出店してみるのもおすすめです。不要となったモノの販売は断捨離にもなるので一石二鳥です（フリマの場合、個人の休みを利用して、かつ事業としてやるわけではないので、通常のケースでは会社の許可は不要だと思います)。

この場合でも獲得する金額の大小が問題ではなく、マーケットと直接つながり、わずかでも売り上げをあげる経験をしておくことが重要なのです。家族と一緒に直接マーケットに向き合うことにより、家族全員が「商人マインド」を体験することができます。この経験が重要なのです。

当日汗水流して稼いだお金を夜の回転寿司の軍資金にでも回せば、かけがえのない思い出のパーティにもなります。

こうした経験を通じて家族の中にかすかに芽生えた「商人マインド」が、のちのちあなたが独立というキャリアチェンジをする際に強力なサポーターになってくれるのです。

いよいよマネタイズの本番へ
～まずは今の会社をクライアントとすることを考える

いよいよあなたのキャリアという商品をマネタイズしていきます。

読者の皆さんが歩んできたキャリアは、企業も業種も職種も人それぞれ異なり、千差万別です。万人に当てはまるマネタイズ方法があればいいのですが、ここでは最も読者の平均像に近いと思われる、次のようなサラリーマンを想定して話を進めます。

新卒で日本の企業に入社し、その後転職することなく（あるいは、若年期に1回だけ転職を経験）、ホワイトカラーのサラリーマンとして会社生活を送り、気がついたら50代のシニア世代になっていたという、ごく普通のサラリーマン

まず最大の課題は、「クライアントから仕事を獲得すること」です。

会社で働くにしろ独立して働くにしろ、この構図はまったく同じです（サラリーマンの皆さんは、会社がクライアントであるという意識を持った方は少ないでしょうが）。

今後のクライアントとしてベストなのは今いる会社です。

というのも、現時点で雇用という形で契約を締結しており、すでにサービスの既納先になっているからです。まずはこの重要なクライアントとの取引を継続することを第一に考えます。

しかしながら、今までのような「雇用」という契約では、65歳までという契約期間の上限がありますし、前の章で紹介した「シニアからのキャリアデザイン5原則」のうちの「キャリアの複線化」が実現しづらい状況にあります。

そこで検討するのが、個人事業主（インディペンデント・コントラクター）としての業務委託契約の締結です。ここで「業務マネタイズのベース」を確保するのです。

一般的には「独立・起業」と「独立」と「起業」を同時に考えがちですが、これから考えるのは、あくまで「独立」であり「起業」ではありません。というのも「新たな事業を興す」わけではなく、基本的には**「今やっている仕事を雇用されてではなく、独立して受ける」**だけだからです。

「起業ではなく独立」、この方法がまずはシニアサラリーマンにとってリスクが最も少ないキャリア戦略です。

シニア世代にとってのキャリアの大きなマイルストーンは3つあります。

①55歳前後で迎える役職定年
②雇用の区切りである60歳定年
③65歳の再雇用義務の上限年齢に到達

【図26】起業は事業を興すこと、独立は組織から離れること

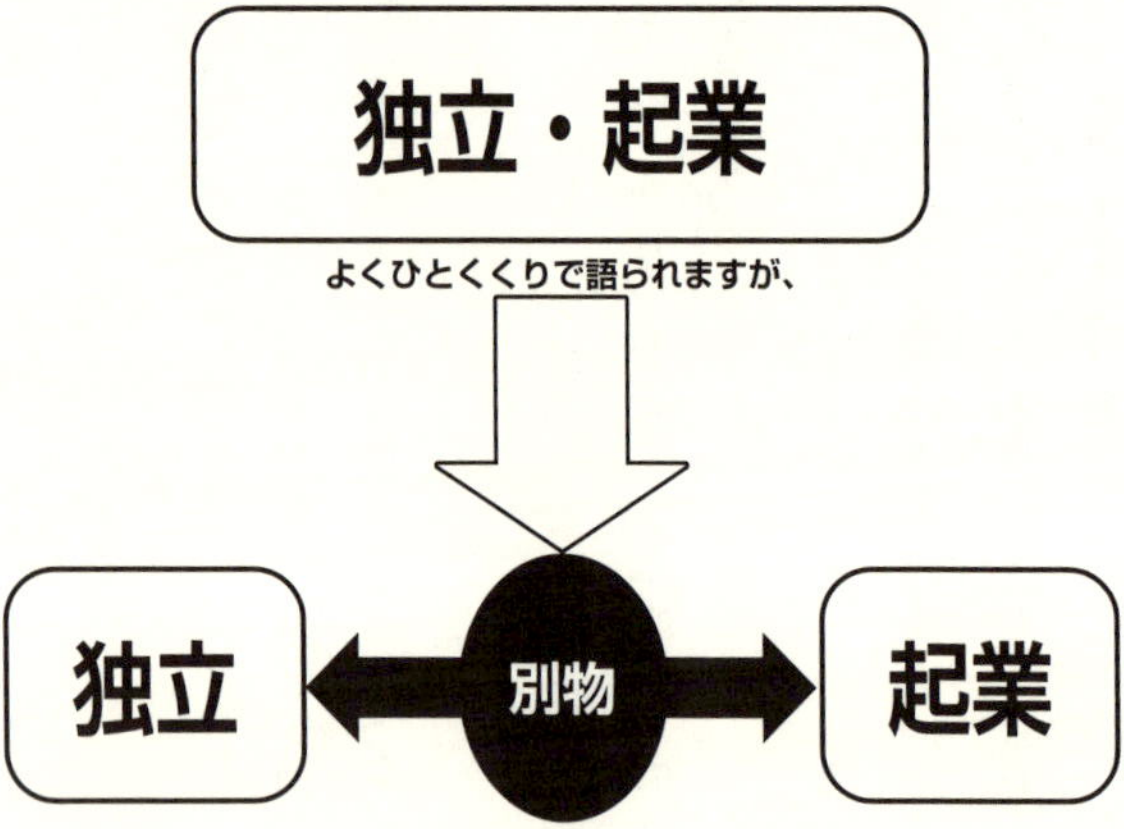

した時点

この3つのタイミングを狙って、契約方式の切り替えを検討します。

提案のポイントは、次の3つです。

〈ポイント1〉
今やっている現行業務をそのまま継続することを基本とする

契約形式が「雇用」から「業務委託」に変わるだけのイメージです。

〈ポイント2〉
定年再雇用後などに予定される給与水準を業務委託料のベースとして提案する

会社としては、再雇用時などに想定していた給与水準なので、合理性があり、社内の合意も得られやすい水準です。

現行の給与水準で業務委託契約を締結することは、会社にとって費用的なメリットがあります。

一般的に会社は、社会保険・労働保険の会社負担分や福利厚生費、臨時の給与（賞与・祝い金など）を含めると、額面給与の1・4倍程度の費用負担をしているといわれます。

業務委託契約に変更することによって、会社はこの部分の費用負担がなくなりますし、雇用契約ではないので、労働基準法や高年齢者雇用安定法といった労働法の適用除外になります。

【図27】60歳で独立起業のシナリオ

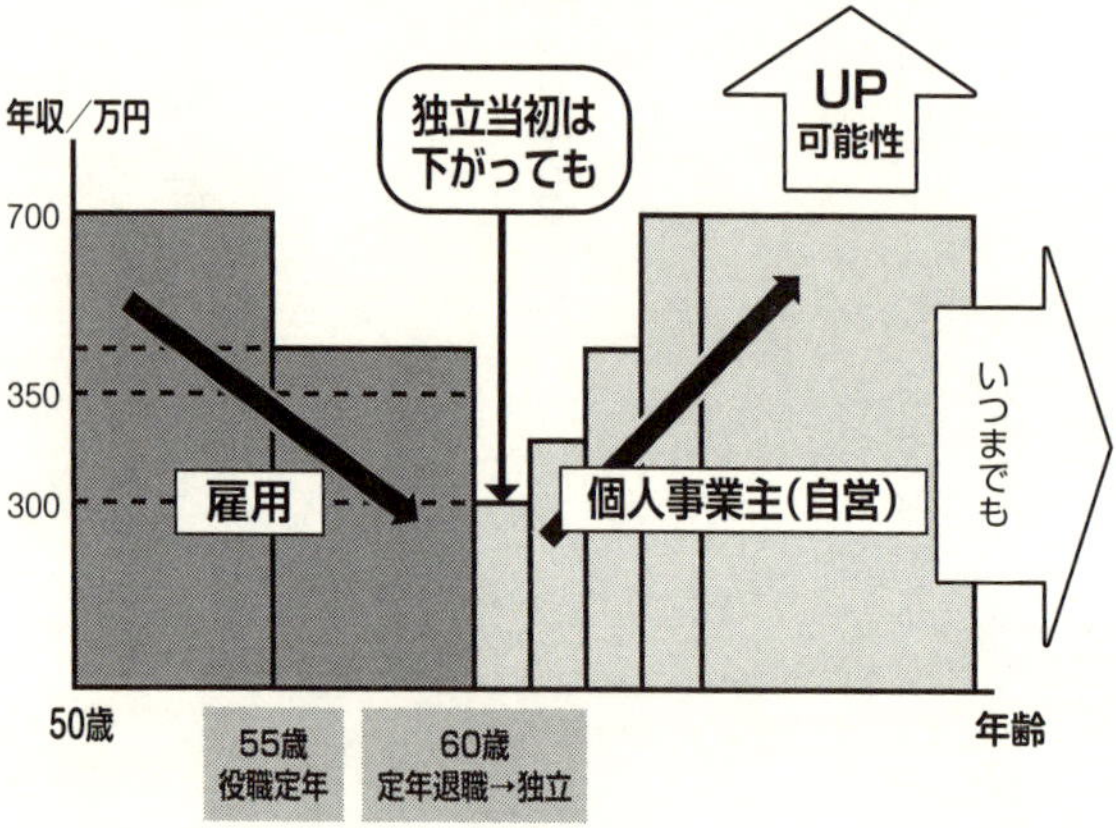

労務費の削減と雇用の弾力性が確保できることも会社としてはメリットです。

〈ポイント3〉
勤務はフルタイムではなく、週3～4日の勤務（サービス提供対応）とする

〈ポイント2〉のバーター条件として、前記のように契約上の稼働日減を提案するイメージです。

一般的に再雇用時に60歳以前と同じような密度の業務を設定させることは難しく、再雇用シニアは、フルタイムの勤務を持て余しているというのが、通常の再雇用で働くシニアサラリーマンの現実です。勤務日数を減らしたからといって提供サービスが落ちるようなことは実際のところありません。

前記ポイントを見ると会社ばかりメリットがあるように思えますが、個人事業主側にも以下のようなメリットがあります。

〈ポイント1〉について

独立当初はクライアントの開拓が大変ですが、現行の業務で契約が継続されることは、**「リスクなしで独立が果たせる」**ということで、個人事業主にとって大きなメリットです。マネタイズのベースが初めから確保されているという安心感は極めて大きいといえます。

〈ポイント2〉について

厚生年金や健保・雇用保険・労災保険から抜けることになりますが、デメリットばかりではありません。

個人事業主は厚生年金の被保険者にならないので、被保険者対象の在職老齢年金（収入に応じて年金の一部がストップとなる制度）の適用もありません。

個人事業主の場合には、支給年齢になれば収入の額にかかわらず満額支給が受けられます。

〈ポイント3〉について

余裕のできた1〜2日（と土日）をパラレルワーク実現のために振り当てることができます。

自分でコントロールできる日が週に1〜2日あることのメリットは、実際に経験した人にしかわからないかもしれませんが、自分の活動領域拡大のために極めて大きな効果があります。

以上が原則ですが、〈ポイント1〉業務に関しては、現行業務に加えて、「①業務標準化、マニュアル化」と「②マニュアルを使った若手指導」もあわせて自分の業務スコープとして会社に提案することをおすすめします。

業務標準化（と改善）は、会社としては優先度も重要度も高い業務ですが、日々のタスクに追いかけられている若手・ミドル層の従業員にとっては、「やっても評価されない〝労多くして益なし〟業務」と考えられています。

忙しい中、後任者のために担当業務を整理するモチベーションが働かないからです。

それに対して、会社がシニア社員に期待する業務は、各種アンケート調査でも若手への経験・スキルの伝承が一番となっています。ご自身の「超現場力養成&教えるスキル実習」にもなる業務標準化業務は、契約締結をスムースにするためにもぜひ提案すべき業務です。


会社に対する「雇用から業務委託への切り替え」提案については、拙著『働けるうちは働きたい人のためのキャリアの教科書』でも解説していますが、この2年間でその実現性を高める追い風が吹いています。

それは、政府による副業・兼業推進と70歳までの雇用をにらんだ高年齢者雇用安定法の検討です。

政府は、多様な働き方や人材不足の解消などを目的に、広く副業・兼業を認める政策に転じています。

厚生労働省は２０１８年1月、モデル就業規則を改定、「副業・兼業の促進に関するガイドライン」を公開してその導入促進を進めており、その結果として副業・兼業を原則として禁じていた多くの企業が、次第に容認するようになってきているのはご承知の通りです。

こうした流れの中で、個人事業主的な働き方も多様な働き方の1つとして注目を集めています。政府もフリーランス的な働き方を多様な働き方を実現するための1つとして注目しており、２０１９年7月には、内閣府もフリーランスで働く人が３００万人を超えたという初の推計結果を公表しています。

また、70歳雇用に向け企業に対して努力義務を検討する**改正高年齢者雇用安定法では、「65歳以上については、雇用にこだわらず会社が従業員の独立を支援すること」を施策として入れ込んでいます。**

もはや国も企業も雇用にこだわってはいられないのです。時代は「雇って守る」のではなく「自立することを支援」する方向に変わっています。

高年齢者雇用安定法改正で従業員の独立支援まで努力義務を課される企業にとって、従業員との業務委託契約の活用はもはや珍しいことではなくなりつつあります。

この流れに今から乗らない手はありません。

あなたからの個人事業主提案に対して会社が乗ってくるか乗ってこないかは、会社のスタンスやあなたの専門領域により異なってきます。

従業員の兼業・副業を認めている企業であれば、こうした多様な勤務形態に対して柔軟な対応をとる企業が多いですし、あなたの業務が独立してできる業務（たとえば、社内研修講師・内部監査・営業拠点指導など）であればあるほど、個人事業主としてのあなたと会社が業務委託契約を締結できる可能性は高まります。

残念ながら、まだ、あなたの会社の機が熟しておらず、個人事業主としての契約が難しい場合には、「あっ、そうですか」と、いったん提案は取りやめて、高年齢者雇用安定法で義務化されている65歳までの雇用継続のレールに戻ればいいだけです。

世の中のトレンドは大きく変わりつつあるので、伝統的なあなたの会社の制度も変わります。再雇用は1年契約のところがほとんどなので、65歳までの間に自分の商品の磨き上げを続け、チャンスが来たら再度提案し、計画を実行するだけです。

また、今勤務している会社だけではなく、グループ会社での可能性を検討してみるのも1つの方策です。同じ文化や用語を共有し、同じシステムを使うグループ会社間では、あなたの長年つちかってきた知識・経験・スキルは即戦力です。

クライアント拡大のタイミングの見極め方

第1ステップのプロセスを経て、あなたは個人事業主として定年まで勤務してきた今までの会社と業務委託契約を結び、基本的には今までやってきた業務を会社から引きつづき発注されるとします。

ここからさらなる収入源複線化を図っていきます

マネタイズポイントが1カ所に依存しているのでは、サラリーマンとリスク面では大きな差はありません。

それを超えていくためには、収入源の複数化が次のステップです。

さらなる複線化に向けて踏み出す具体的なタイミングの判断基準は、社外から自分の専門領域での相談があるかないかです。有償・無償は問いません。友人・知人・紹介などルートも関係ありません。


自分の専門とする領域で社外から「意見を求められた」「解決策を相談された」ことがあれば、あなたの仕事に間違いなくニーズがあるという証拠です。


「相談される」＝「困っている人がいる」＝「その内容は商品になる」ということです。

まずは社外からの無償&スポットの相談に乗っているうちに、自分の知識の不確かな部分、足りない経験・スキルもわかってきます。その部分は日々の業務で補っていけばいいのです。ネット時代の現在、ベースさえあればいくらでも必要な知識は得られます。

また、どんな小さなグループでもいいので、自分の業務を説明する機会があれば話をしに行く、あるいは、説明するチャンスを積極的に自分から作っていくことも重要です。初めは自己紹介レベルの内容でOKです。あなたが何をしていた人なのか、ここが知られていないと、誰も相談に来てくれません。

こうした場で実際に話をしてみることで、いかに自分の仕事（専門領域）が「商品・サービス」としては未完成かがわかります。また、実際に説明することで「わかりやすく伝える力」を養うことができます。

初めは「無償・スポットでの相談」が「有償・定期的にお手伝いいただけないか」となればすでに機は熟しています。

現在の業務委託契約に加えて週1～2日のフリーとなった日をそちらに充当し、収入源の複線化を図っていけばいいのです。

クライアント拡大のターゲット

収入源の複線化にあたっての次の**クライアント候補は、やはりあなたの人柄や実力をすでに知っている友人・知人、今お付き合いのある会社**など同心円内での拡大になります（図28）。

相手が、あなたの人柄や実力をすでに知っているということは、スポーツの大会でいうとシード枠に入っている状態ですので、極めて有利に試合を進めることができます。

今の会社への料金提案では、再雇用水準（あるいは役職定年後給与水準）がベースになるので、値づけに悩む必要はありませんでした。

しかし、今回はそうはいきません。あなたのサービスに対する値段設定ができていないからです。その場合の値づけのヒントは、**「今あなたの職場で困っている悩みごとを解決することを考え、そのサービスにあなたならいくら料金を支払うか」**を徹底的に考

【図28】フリーランスとしての仕事の拡大方法

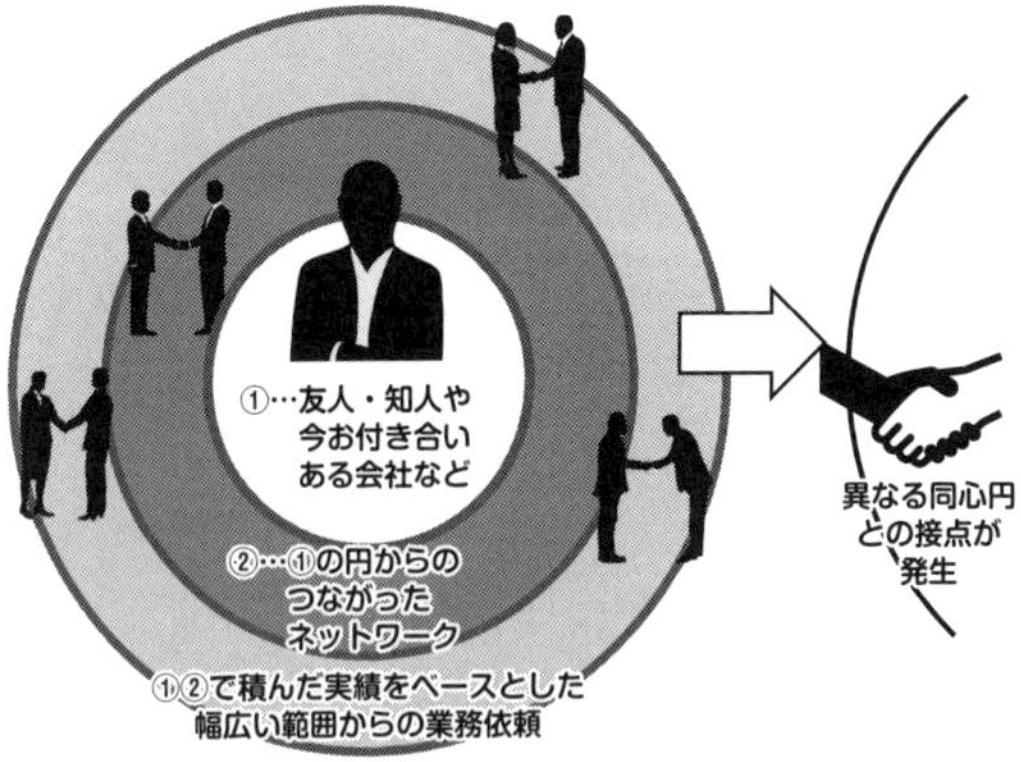
①…友人・知人や
今お付き合い
ある会社など
②…①の円からの
つながった
ネットワーク
①②で積んだ実績をベースとした
幅広い範囲からの業務依頼
異なる同心円
との接点が
発生

人と会うことが「仕事」と考える

えてみることです。
たとえば、次のような人材にいくら払うかということです。

・いちいち業務説明などしなくてもその日から職場に即戦力として入ってくれて、目の前にある職場の問題をどんどん解決してくれる助っ人

・課員の悩み相談にも乗ってくれて、ＯＪＴ教育、課員研修の講師も務めてくれるサポーター

・コンセプトをざっと説明するだけで、経営会議の資料を提案レベルで

短時間に仕上げてくれるアドバイザー

この場合のポイントは、クライアントに派遣社員の時給と比較して考えるのではなく、外部コンサルタントへの報酬水準や中途で管理職を採用することによる費用発生（給与&賞与&各種福利厚生分）との比較で報酬額を検討し、納得してもらうことです。

日々のオペレーションをこなすための投入工数・稼働時間で測るのではなく、文字通り成果というアウトプットベースがインディペンデント・コントラクターの報酬基準です。

どうしてもやってしまいがちな「応相談」という料金設定

また、料金設定の際についやりがちで、おまけに最悪なのが「応相談」という料金設定です。

どうしても自分のサービス内容に自信がないと「応相談」としがちですが、あなたが提供するサービスレベルを考えたうえで自信を持って、「明朗会計料金」を提案しましょう。

クライアントも目安となる金額を提示してくれないと頼みようがないのです。もし、その料金が高いと思ったらハナから仕事の依頼はないのでご安心ください。かえってその料金を前提として仕事を依頼してもらうことによって、そのあとの契約もスムースになるのです。

水準については、あなたが必要とする売り上げをベースに同業種の個人事業主の水準なども勘案したうえで決定するとよいと思います。

私も自分のホームページ上に料金を明示していますのでご参照ください（http://www.restart-ic.jp/7178892788）。

こちらからアクセスできます↓

30年以上にわたってつちかったキャリアを安売りする必要はありません。自信を持った価格提案をすることも、個人事業主として働きつづけるためのポイントです。

シニアからのキャリアを複線化するさまざまなルート

〈その1〉研修会社への講師登録

インディードという求人検索エンジンがあります。

こちらでご自身の専門領域や職種に関係するキーワードを登録しておくと、さまざまなWebサイトや求人情報サイトに掲載された「講師」の求人情報が毎日メールで届けられます。

たとえば、私は「講師」というキーワードで登録していますが、毎日講師に関する求人が自動的にメールで届きます。

その中には、「雇用」による求人もあれば「業務委託」による求人もありますし、長期の求人もあればスポット的な短期の求人もあります。

こうした求人情報の中から自分の専門領域に関する研修を多く取り扱う研修会社に講師登録を行うことにより、講師案件が発生したときに声がかかるようになります。

もちろん、講師登録の際には、会社員時代の実績などを評価された上での登録になるので、ここでも第4章で取り上げたキャリアの棚卸しがポイントになります。

私はこうした求人サイト経由や友人からの声かけにより、4社ほどの研修会社に講師登録をしています。この場合、契約は雇用ではなく業務委託なので、専門分野で案件が発生した場合に声がかかり、その都度登壇する形です。

「契約パートナー」と呼ばれることが多いですが、独立業務請負人の方でこうした研修会社に登録して仕事をしているケースは多いです。

自力でクライアントを開拓するのではなく、営業の部分は研修会社が担い、講師の部分だけを個人事業主である私のような働き方をする者が担当する方法です。

これも個人事業主として収入源複線化の方法の1つのルートです。

〈その2〉「プロ派遣」という方法

一般的に「派遣」というと一般事務的な印象がありますが、特定の領域に高い専門性を持つシニアには「プロ派遣」という働き方があります。

プロ派遣といっても仕組みは通常の派遣のスキームと同じですが、派遣単価は格段に高くなります。

私がインディペンデント・コントラクターとしてサポートしていた企業にもプロ派遣の方がいらっしゃいました。

元々メーカーで契約書確認の業務を長年担当されてきた方で、実際に現場でのグローバル契約に多くの知見・経験をお持ちの方でした。

契約書というと、弁護士や行政書士が専門家として思い浮かびますが、こうした士業も契約書の形式的な部分はチェックできても、実際の商売の具体的な契約内容は、実際の実務経験者の独壇場です。

年齢は70歳をすぎていましたが、ほかの人には代替できないスペシャリストとして活躍されていました。

毎月3万円を10カ所からいただくという発想

「1カ所から30万円の売り上げ」よりも、「3万円×10カ所」からのほうがリスクを回避できますし、事業のネットワーク拡大の可能性も広がります。

前著でもご紹介しましたが、「月3万円ビジネス」という考え方があります。

非電化工房代表／日本大学客員教授の藤村靖之先生が提唱されている考え方で、月3万円のビジネスのネタを複数見つけて取り組むというものです。月3万円という設定が絶妙です。

3万円であれば安すぎてライバルは参入してきません。シニアのキャリアも「1カ所に依存して高額の売り上げをあげる」よりも、「少額でも複数のポイントから売り上げをあげる」という月3万円ビジネスの考え方が有効です（次ページ図29）。

シニアからの独立の場合、初めから大きなディールを狙わず、月3万円ビジネスの考え方を参考に、まずはたとえ売り上げはわずかであってもコネクションを作ることに価値を置くことです。

「月1回半日のサポートで3万円」でいいのです。新たなクライアントのつながりを持つことによって、そこから仕事は広がっていきます。まずはクライアントとなんらかの関係を持つことに注力することが大切です。

藤村先生の本には、基本的な考え方を

【図29】「月3万円ビジネス」の考え方

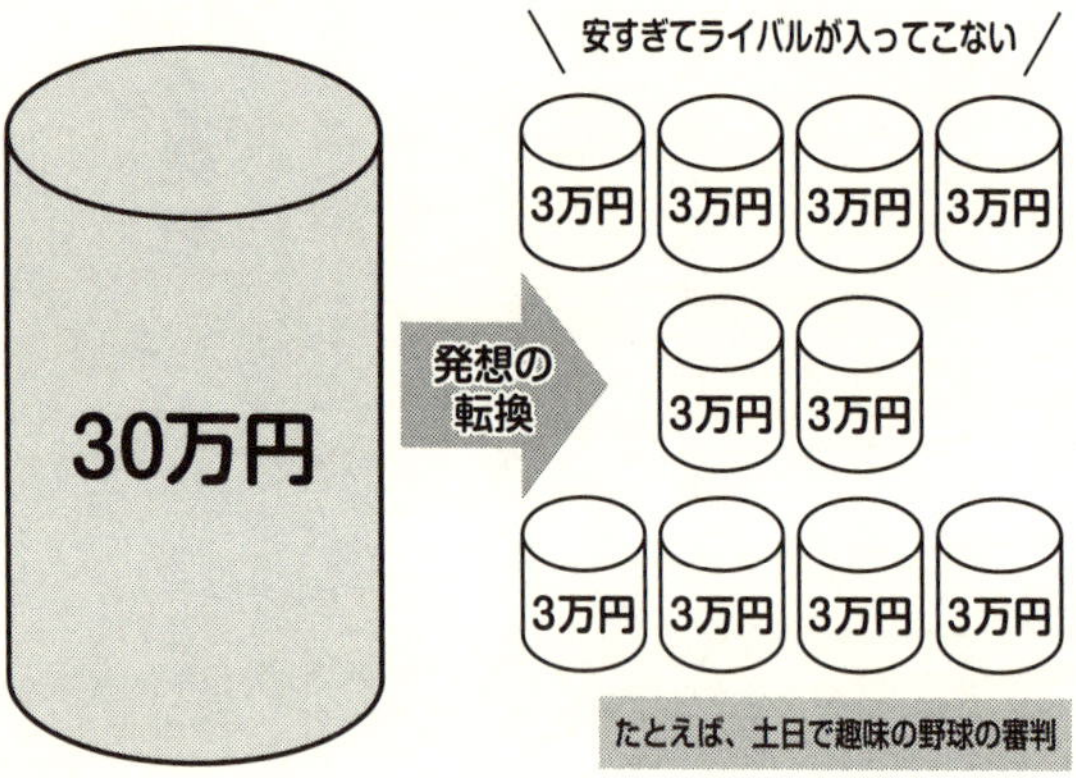

解説した『月3万円ビジネス』（晶文社、2011年）以外にも、具体的な事例を紹介した続編『月3万円ビジネス　100の実例』（同、2015年）もあります。もしかしたら、ご自身の専門分野や興味に合う具体例が見つかるかもしれません。

おわりに

最後までお読みいただきありがとうございました。

本書は、筆者にとってシニアキャリアに関する2冊目の著作となります。1冊目『働けるうちは働きたい人のためのキャリアの教科書』（朝日新聞出版社、2017年）では、シニアサラリーマンのキャリアの4つの選択肢「今の会社に働きつづける」「転職する」「出向する」「独立起業する」――それぞれのメリットとデメリットをニュートラルに解説させていただき、4つの選択肢を選ぶ際の基礎知識を得ていただくことを目的としました。

本書では、さらに一歩踏み込んで「人生100年時代を迎え、働けるうちは働くためには具体的に何をすればいいのか？」という課題に対して、より具体的で実践的な処方箋を提供することを目的としました。

本書内でも繰り返し解説しましたが、シニアの皆さんは、日本企業の終身雇用制というじっくりと時間をかけた素晴らしい人材育成システムの中で育ってきました。

長い時間をかけて原理・原則に基づいた奥深いノウハウや知識を蓄積し、濃密な人的ネットワークを形成してきた皆さんの経験・スキル・人脈は貴重であり、それを活かさない手はありません。

幸いにして雇用に限らず多様な働き方が実現できる環境が整いつつあります。

本書で提案したインディペンデント・コントラクター（ＩＣ＝独立業務請負人）的な働き方は、シニアにとって最適な働き方の1つです。ぜひこうした新しい働き方も視野に入れながら、人生１００年時代の自律的なキャリアをぜひご自身でデザインしていただければ幸いです。

また、世界に通用する若いグローバル人財の育成も進み、どんどん世界に羽ばたきはじめています。若手・ミドル・シニアが世代間で断絶することなくスクラムを組み、お互いの得意分野を活かして「誰もが働けるうちは働く」社会を作っていくことこそ、超高齢社会の目標とする姿だと思います。

世界に類を見ない日本という超高齢社会でシニアがイキイキと働く社会モデルができれば、世界的課題に対する好事例にもなります。マジョリティを占めつつあるシニア層の活躍なしには日本の活性化は成立しないのです。

「はじめに」でも書きましたが、シニアからのキャリアは、「優秀か、優秀でないか」ではなく、「事前にどれだけ準備したか」によって決まります。

本書を羅針盤にぜひ皆さん自身に蓄えられた貴重な知識・経験・スキル・ノウハウという無形資産を再度ブラッシュアップして、ぜひ人生100年時代への再出発を果たしていただければと思います。

最後になりましたが、今回執筆という貴重な機会を与えていただき、終始的確なアドバイスにより本書を完成まで導いていただいた出版プロデューサー&編集者の貝瀬裕一氏にこの場を借りて御礼申し上げます。

2019年8月　木村 勝

profile

木村 勝（きむらまさる）

中高年専門ライフデザイン・アドバイザー（ビューティフル・エージング協会認定）、電気通信大学特任講師、行政書士（杉並支部所属）、人事総務インディペンデント・コントラクター、心理相談員（中央労働災害防止協会認定）

1961年生まれ、一橋大学社会学部卒（津田真澂ゼミナール）。

1984年、日産自動車に入社、人事畑を25年間歩み続ける。

2006年、社命により日産自動車を退職し、全員が人事のプロ集団という関連会社に転籍。1993年に設置以降、25年以上の長きにわたり1600人以上のキャリア斡旋を行なってきた歴史ある中高年キャリア支援部門の部長として中高年のセカンドキャリア支援業務（出向・転籍・転職）に従事。

2014年に独立し、人事業務請負の「リスタートサポート木村勝事務所」を開設。

独立後の現在も特定の人材紹介会社に所属することなく、ニュートラルな立場で中高年のキャリア相談に精力的に取り組み、自分の会社の人事部には相談できない中高年サラリーマンのキャリアの悩みに対して個人面談やセミナーなどを通じて支援している。

知らないと後悔する定年後の働き方

2019年10月25日　初版発行
2020年　4月13日　2刷発行

著　者　木村 勝
発行者　太田 宏
発行所　フォレスト出版株式会社
〒162-0824　東京都新宿区揚場町2-18　白宝ビル5F
電話　03-5229-5750（営業）
　　　03-5229-5757（編集）
URL　http://www.forestpub.co.jp
印刷・製本　中央精版印刷株式会社

ISBN978-4-86680-804-8　Printed in Japan

シニアのキャリアを「見える化」するための４つのワークシート

読者の方に無料 特別プレゼント

特別データ

著者・木村 勝さんより

シニアの「眠った資源」を掘り起こして「見える化」するプロセスが本書で繰り返し語った「キャリアの棚卸し」です。今あなた自身に身についているスキル・知識・経験・資格・ノウハウ・マネジメント力など、保有するすべての自己資産を「見える化」するために、本文中で紹介した「家族キャリアマップ」「ライフカーブ」「キャリア棚卸シート」「キャリアデザインマップ」のエクセルデータを特別プレゼントとしてご用意しました。ご自身のキャリア棚卸しのために、ぜひともご活用ください。

特別プレゼントはこちらから無料ダウンロードできます↓

http://2545.jp/teinen/

※特別プレゼントはWeb上で公開するものであり、小冊子・DVDなどをお送りするものではありません。

※上記無料プレゼントのご提供は予告なく終了となる場合がございます。あらかじめご了承ください。